문화적 정체성은 없다

문화적 정체성은 없다

Il n'y a pas d'identité culturelle

François Jullien

프랑수아 줄리앙

이근세 옮김

교유서가

한국어판 서문

거짓 '문화적 정체성'의 요청은 전 세계 모든 나라에 위협적입니다. 왜냐하면 문화적 정체성의 요청은 문화의 이해를 가로막고 오늘날 확산되고 있는 민족주의적 폐쇄성을 촉진하기 때문입니다. 이 저작에서 나의 논제는 철학적이고 정치적입니다. 또한 선언처럼 간결하며 어쩌면 과격할 수도 있습니다. '문화적 정체성'의 개념은 문화를 귀속성과 불변성의 의미로 사유하게 하지만, 사실 문화는 오직 스스로를 문제시하면서 공유되고 변화하는 한에서 생산적입니다. 그렇지 않으면 문화는 이미 죽은 것입니다.

그러므로 나는 이 저작에서 문화의 본질을 정체성으로 규정하려 함으로써 각각의 문화를 서로 격리하는 '차이'가 아닌 **간극**(間隙, écarts)의 의미로 문화의 다양성을 다루었습니다. 간극은 문화자원을 모험적으로 탐색하는 동시에 대면관계에 놓음으로써 문화자원 간에 **사이**(entre)를 나타나게 합니다. 이 **사**

이를 통해 문화자원은 긴장상태에 놓이고 서로를 비춰보며 이 맞대면 속에서 대-화(對話, dia-loguer)하게 됩니다. 그런데 오늘날 우리의 세계는 문화 다양성의 세계입니다. 문화 다양성과 관련하여 개념들을 혼동하는 것, 즉 도구들을 혼동하는 것은 위험합니다.

이제 문화를 **자원**, 자원을 부각하는 탐색적 **간극**, 그리고 서로 비춰보게 하는 **사이**의 차원에서 이해한다면, 즉 언어들과 문화들이 각각의 생산력에서 서로를 발견하는 간극과 사이의 차원에서 이해된다면 동시에 우리는 왜 번역이 으뜸가는 작업인지 이해하게 됩니다. 그리고 먼저 번역이 왜 첫번째로 행해야 하는 일인지도 이해할 수 있을 것입니다. 번역한다는 것은 두 언어 사이의 간극을 탐색하는 동시에 두 언어의 **사이**를 활성화하는 것입니다. 두 언어의 사이는 두 언어 각각을 서로 비춰보도록 함으로써 서로가 서로에게 열리고 각자의 격리상태에서 벗어나게 해주는 것입니다. 번역은 손실로 묘사되는 경우가 빈번합니다. 그러나 번역은 손실의 반대입니다. 번역은 표현된 이해 가능한 것을 다시 작업하는 일이고, 각각의 언어를 그들 각각에서 사유되지 않은 것과 각각의 역량을 통해 마주보게 하는 작업입니다.

또한 번역한다는 것은 부차적이고 보조하는 역할이 아니라 본래적인 작업입니다. 번역은 나중에 이루어지지만 한 텍스트가 자기 언어에서 행한 것보다 더 근원적으로 이 텍스트에 질문을 던지게 합니다. 즉 번역은 한 텍스트가 이야기하고자 하는 것뿐만 아니라 상대 언어의 관점에서 볼 때 그 텍스트가 스스로 이야기하는 것이 무엇인지 모르는 것과 관련하여 그 텍스트에 질문을 던지도록 해줍니다. 번역은 단순히 텍스트를 옮겨놓는 것이 아니라 사유를 새롭게 다시 펼치는 작업입니다. 이 점에서 철학을 번역하는 것은 별도의 권리를 갖춘 온전한 철학 활동입니다. 그렇기 때문에 나는 이근세 교수가 이 저작을 기꺼이 한국어로 번역하고자 했고 깊은 연구를 통해 소개한 점, 다시 말해서 이 저작의 방향을 새로운 독자, 새로운 기대, 새로운 질문으로 돌려놓음으로써 이 저작의 미래를 다시 열어놓았다는 점에 대해 사의(謝意)를 표하고 싶습니다.

오늘날 번역을 통해 철학 텍스트를 다시 활성화하는 것은 철학의 미래가 세계적으로 위협받는 만큼 매우 중요합니다. 철학에 대한 위협은 헤겔 이후로 마치 철학이 더이상 문제 설정을 하지 못하고 생산력이 고갈되었음을 확인하는 것처럼 불안을 즐기며 공표했던 철학의 '죽음'에 의해서가 아닙니다. 철학이 위협받는 것은 외적이고 압도적인 이유 때문입니다. 그 이유는 범세계적인 시장이 우리에게 부과하려는 (트위터 등) 커뮤니케이션 세계에서의 철학의 조건과 관련이 있습니다. 철학은 여론 체제와 탈-합치하고 따라서 청취율에 개의치 않고자 합니다. 실제로 철학은 진전이 힘들고 느립니다. 철학은 구호를 외치는 것도 아니고 광고하는 것도 아닙니다. 그런데 오늘날 책은 여타 상품처럼 그 자체로 소비에 노출된 '상품'이 되어버렸습니다. 따라서 한국이나 프랑스에서 철학을 **세상에 발표하는 것**(publier)은 이점이 있습니다. 왜냐하면 철학은 조용히 공들인 작업이고 추상적인 모험이지만 동시에 실존하려면 공적인 차원에 속하기를 요구하며, 나아가 이는 철학을 결정적으로 정당화하는 것이기 때문입니다. 따라서 철학을 세상에 발표하는 일은 저항활동을 이행하는 것으로서 이는 지성의 전투적인 태도에 속합니다. 그렇기 때문에 나는 이 짧은 글을 출판하기로 결정함으로써 내 책에 '제2의 삶'을 부여한 교유서가에 깊은 감사의 뜻을 전합니다.

2020년 5월

프랑수아 줄리앙

차례

서문

오늘날 문화적 정체성은 민족주의의 회귀와 세계화에 대한 반작용을 통해 그 요구가 세계 곳곳에서 강력히 인정되려는 경향이 있다.

문화적 정체성은 외부로부터 위협해오는 단형화(單形化, uniformisation)와 내부로부터 좀먹어 들어가는 여러 집단주의에 맞선 방어벽일지도 모른다. 그러나 이 경우 관용과 동화(同化), 특수성의 옹호와 보편성의 요청 사이에서 어느 쪽에 무게를 둘 것인가?

계몽주의의 이상이 급작스럽게 의혹에 휩싸인 유럽에서는 특히 이와 같은 논쟁이 계속 벌어지고 있다. 이 논쟁은 세계 문화 간의 상호관계 및 앞으로 각 문화들이 갖출 수 있는 모습과 더 일반적으로 관련이 있다.

그런데 나는 이와 관련해 사람들이 개념을 혼동하고 있다고 생각한다. 내가 생각하기에 문화를 격리하는 '차이들'은 논점이 될 수 없다. 그 대신 맞대면 상태를 유지하므로 긴장관계에 있고, 그 사이에서 **공통**을 활성화하는 **간극들**이 논점이 될 수 있다. 또한 문화의 고유한 점은 변천하고 변화하는 데 있기 때문에 '정체성'도 논점이 될 수 없다. 하지만 생산력 또는 내가 **자원**(資源)이라고 명명할 것은 논점이 될 수 있다.

따라서 나는 정체 확인이 불가능한 프랑스의 문화적 정체성이 아니라 (유럽의) 프랑스의 문화적 자원을 옹호할 것이다. 여기서 말하는 '옹호'는 문화적 자원을 보전한다기보다 그것을 활용함을 의미한다. 문화적 자원이 어떤 전통 내에서처럼 특정 언어 및 특정 장소와 국가에서 생겨난다는 점이 인정된다고 해도, 그 문화적 자원은 곧이어 모두가 사용할 수 있는 것이지 어딘가에 귀속되는 것이 아니기 때문이다. 문화적 자원은 '가치'가 그렇듯이 배타적이지 않다. 문화적 자원은 설교의 대상이 아니다. 우리는 문화적 자원을 '전도'하지 않는다. 그러나 우리는 문화적 자원을 개발하거나 개발하지 않을 수 있고, 문화적 자원을 활성화하거나 버려진 채로 내버려둘 수도 있다. 이 선택에 대해서는 각자가 책임을 져야 한다.

이런 개념적 전환은 보편(universel), 단형(uniforme), 공통(commun)이라는 경쟁관계의 세 용어를 상류에서 다시 정의함으로써 이 용어들에서 모호함을 제거해야 할 의무를 부과한다. 또한 이런 개념적 전환은 문화 간의 대-화(dia-logue, 對-話)를 하류에서 다시 생각하도록 유도한다. 문화 간의 대화는 간극과 경로로서 **대**(對, dia)이고, 이해 가능한 것의 공통으로서 **화**(話, logos)이다. **인간적인 것**을 이루는 것은 이해 가능한 것의 공통이기 때문이다.

그런데 개념들을 혼동할 경우 우리는 거짓 논쟁, 따라서 처음부터 출구가 없는 논쟁에 함몰될 것이다.

1. 보편, 단형, 공통

이 논쟁을 위해서는 관련 용어들을 명확히 규정해야 한다. 그렇지 않으면 이 논쟁에서 갈피를 잡지 못하게 될 것이다. 우선 경쟁관계에 있는 세 용어인 보편(universel), 단형(uniforme), 공통(commun)의 경우가 그렇다. 우리는 이 세 용어를 서로 혼동할 위험이 있으며, 나아가 이 용어 각각을 오염시키는 모호함을 제거해야 한다. 실제로 이 삼각 구도의 정점에 있는 **보편**은 그 자체로 다시 구분해야 하는 두 가지 의미를 지닌다. 이 용어의 두 가지 의미를 구분하지 않을 경우 우리는 그 **결정력**이 어디에서 비롯되는지 이해하지 못하고, 또 그것이 사회와 관련해 갖는 쟁점도 이해하지 못하게 된다. 약한 의미일 수 있고 확인 차원으로서의 경험에 한정되는 보편의 의미는 다음과 같다. 우리는 지금까지 관찰할 수 있었던 한에서 사태가 항상 그러했다는 것에 주목한다. 이 의미는 일반성에서 비롯되며, 문제를 일으키지 않고 거스르지도 않는다. 그러나 보편은 강한 의미, 즉 엄밀하고 엄정한 보편성의 의미 또한 갖는다. 유럽에서 우리는 강한 의미의 보편성을 사유의 조건으로 삼았다. 즉 우리는 경험을 통해 모든 것을 확인하기 이전에 그리고 심지어 그런 확인 작업에서 면제됨으로써 어떤 사태가 그러**해야만** 함을 즉각적으로 주장한다. 사태는 단지 지금까지 그러했을 뿐 아니라 그렇지 않을 수도 없다. 이런 '보편'은 일반성에서뿐만 아니라 필연성에서도 비롯된다. 이 보편은 일어난 일이 아닌 (선험적) 법에 속한다. 비교가 아닌 절대로서의 보편이며, 외연이 넓다기보다는 명령의 가치를 지닌 보편인 것이다. 그리스인들은 바로 이와 같은 강하고 엄정한 의미의 보편에 근거해 과학의 가능성을 확립했다. 고전시대의 유럽은 바로 이런 보편에서 출발해 (뉴턴처럼) 그것을 수학에서 물리학으로 이동시킴으로써 '자연의 보편적 법칙들'을 잘 알려진 성공과 더불어 구상해냈던 것이다.

그런데 이런 보편과 함께 근대성을 분열하는 다음과 같은 질문이 제기된다. 과학이 자신의 힘을 빌려온 엄밀한 보편, 자신의 논리적 필연성을 자연현상에 적용하거나 수학을 물리학에 적용하는 바로 그 엄밀한 보편은 행동과 관련해서도 타당한가? 이 보편은 윤리 영역에서도 타당한가? 우리의 행동은 물리학의 명백한 성공을 이룬 **선험적** 필연성을 본보기삼아 (칸트적 의미의) 도덕적 정언명법의 절대적 필연성에 종속되는가? 아니면 도덕의 별도 영역에서, 내적 경험의 (은밀한) 은신처에서 보편의 반대쪽에 있는 것처럼 생각되어야 하는 것, 즉 (니체나 키에르케고르가 그랬듯이) **개인적인 것**이나 **개별적인 것**의 권리를 요청해야 하는가? 주체의 영역 그리고 더 일반적으로는 사회의 영역에서 보편이라는 용어가 그 모호함에서 거의 벗어나지 못하는 것을 볼 때 이런 질문은 더욱더 제기된다. 우리가 '세계사(histoire universelle)' 또는 '국제박람회(exposition universelle)'를 이야기할 때 이 보편은 총체성이나 일반성에 속하지 필연성에 속하는 것 같지는 않다. 그러나 우리가 인권의 보편성을 이야기할 때도 마찬가지인가? 이 경우 우리는 인권을 원리의 필연성으로 인정하지 않는가? 그렇다면 이에 대한 합법성은 무엇인가? 그 합법성은 함부로 강요되지는 않는가?

근대 이후 우리는 다음과 같은 중대한 경험을 한 만큼 오늘날 이 같은 질문은 더욱더 제기되고 있다. 그 경험은 우리 시대의 결정적인 경험 중 하나이기도 하다. 그것은 보편성의 조건, 즉 유럽 과학을 견인했고, 고전주의시대의 도덕이 요청한 보편성의 조건은 전혀 보편적인 것이 아니라는 사실을 오늘날 우리가 다른 문화들과의 만남을 통해 발견한다는 점이다. 오히려 그런 보편성이 적어도 필연성의 지점에 이르렀을 때 그것은 오직 유럽의 문화적 역사에만 고유한 것이므로 특수한 것, 즉 보편성의 반대라는 점을 우리는 발견하게 된다. 우리가 유럽에서 벗어날 경우 먼저 '보편'을 어떻게 번역해야 하는가? 이로부터 우리의 **확신**들의 강령 안에, 우리의 명증성들의 원리에 우리가 편안하게 분류한 보편의 요청은 결국 다시금 돌출적인 것이 되고, 그 평범함에서 빠져나와 우리 앞에 모습을 드러낸다. 보편의 요청은 독창적이고 대범하며 더욱이 모험적인 것으로 나타난다. 나아가 그것은 유럽의 외부에서 매혹적인 기묘함을 가진 것으로 발견된다.

단형의 개념 역시 모호하다. 실제로 단형의 개념은 보편의 완성이자 실현이라고 생각할지도 모른다. 그러나 그것은 사실상 보편의 반대이다. 또는 더 정확히 나는 그것을 보편의 도착(倒錯)이라고 말하고 싶다. 왜냐하면 단형은 보편처럼 이성에 속하는 것이 아니라 대량생산에 속하는 것이기 때문이다. 단형은 규격 및 틀에 불과하다. 단형은 필연성이 아니라 편리성에서 비롯된다. 단형은 생산가격이 가장 저렴하지 않은가? 일자(一者)가 보편의 이상적 귀착점을 구성하므로 보편은 '일자로 향하는' 반면, 단형은 똑같은 '형태로 만들어진' 단일한 것의 반복에 불과하며 창조적인 것이 아니다. 보편과 단형의 혼동은 오늘날 우리가 세계화로 인해 똑같은 것들이 재생산되어 세계 전체에 유통되고 있는 것을 볼 때 더욱더 위험하다. 똑같은 것들만이 보이고 그것들이 시야를 가득 채우기 때문에 우리는 그것들이 보편의 합법성, 즉 원리의 필연성을 갖추고 있다고 인정할 유혹에 빠지게 된다. 그러나 사실 이는 시장의 확장일 뿐이고 그 정당화는 경제적 차원일 뿐이다. 기술과 매체의 수단 덕분에 삶의 양상, 물건, 상품뿐 아니라 담론과 의견의 단형성이 이제 세상을 끝에서 끝까지 뒤덮고 있다고 해서 그것들이 보편적인 것은 아니다. 그것들이 절대적으로 모든 곳에서 발견될지라도 그것들에게는 그러해야만 함이 결여되어 있다.

보편이 논리에 속하고 단형이 경제에 속한다면 **공통**은 정치적 차원에 속한다. 공통은 공유되는 것이다. 그리스인들은 바로 이 공통의 개념에 의해 도시국가를 설계했다. 단형과 달리 공통은 닮음이 아니다. 오늘날 우리가 세계화에 의해 부과된 단형화의 체제 아래에서 공통을 닮음으로의 환원을 통해, 다시 말해서 **동화**(同化)를 통해 생각할 수 있는 유혹에 빠지는 만큼 단형과 닮음의 구분은 더욱더 중요하다. 그런데 닮음의 공통은 그것이 공통이라는 점을 인정한다고 해도 초라할 뿐이다. 그렇기 때문에 반대로 **닮음이 아닌** 공통을 활성화해야 한다. 닮음이 아닌 공통만이 강도(强度)가 있고[1] 생산적이다. 닮음이 아닌 공통이 바로 내가 여기에서 주장하고자 하는 것이다. 왜

1 원어 'intensif'를 '강도(强度)가 있음'의 의미로 옮겼다. '집약적', '집중적' 등의 의미도 있으나 줄리앙이 나타내고자 하는 의미와는 다르다. 이 용어는 저작의 마지막 문장에서 결론을 이룰 정도로 중요하다. 줄리앙이 활성화하려는 공통의 의미는 닮음처럼 고정된 것이 아니라 긴장을 일으키고 의식을 가동하게 하는 간극의 역동성이다. 줄리앙은 나의 문화가 다른 문화와 마주칠 때 나에게서 긴장, 낯섦 등이 나타나는 과정을 '강도가 있는 상태'로 표현한다. 타자도 그런 긴장, 낯섦을 체험한다고 할 때 나와 타자는 문화적 대화를 진행하는 것이고 이런 것이 서로 열고 확장하는 공통의 작업이다. 이와 같은 공통을 통해 각자에게서 개방성, 확장성, 생산성이 창출된다. 공통은 문화적 간극을 통해 우리의 의식이 깨어 있고 '바깥에 서기(ex-sistere)', 즉 실존하게 되는 과정이다. 그래서 줄리앙은 공통을 촉진하고 활성화해야 함을 강조한다.

냐하면 닮음이 아닌 공통만이 실효적이기 때문이다. 또는 조르주 브라크(Georges Braque)[2]가 이야기했듯이 "공통은 참되지만 닮음은 거짓이다." 두 화가의 경우를 예를 들어 이야기하면 "트루이베르는 코로[3]와 닮았지만 둘은 공통된 것이 아무것도 없다." 바로 이런 것이 오늘날의 결정적인 쟁점이며, 이는 국가, 민족, 인류 등 고찰된 공통의 수준이 어떤 것일지라도 마찬가지이다. 오직 우리가 단형으로의 환원이 아닌 공통을 활성화할 때 비로소 해당 공동체의 공통은 실효적인 공유를 이루도록 함으로써 활성화될 것이다.

이 이론적 삼각 구도의 다른 쪽에 있는 공통은 보편이 그렇듯이 법처럼 제정되는 것이 아니다. 그러나 공통의 일부분은 그 자체로 정해진다. 태어나면서부터 나에게 정해지는 내 가족이나 내 '민족'의 공통이 그러하다. 다른 한편으로 공통은 결정하는 것이고 그야말로 선택의 대상이 된다. 정치적 운동, 연합이나 당파의 공통처럼 모든 집단적 참여의 공통이 그러하다. 공유의 공통은 그 자체로는 점진적인 방식으로 배치된다. 즉 나는 가까운 사람들, 동일한 국가에 속한 사람들, 동일한 언어

2 조르주 브라크(Georges Braque, 1882~1963)는 프랑스의 화가이자 조각가이다. 피카소와 더불어 입체파 사조를 창시하고 발전시킨 현대미술의 거장이다.

3 폴 데지레 트루이베르(Paul-Désiré Trouillebert, 1829~1900)는 프랑스 화가로 주로 풍경화가들이 이룬 '바르비종(Barbizon)'파로 분류된다. 장 바티스트 카미유 코로(Jean Baptiste Camille Corot, 1796~1875)는 프랑스 화가로 바르비종파의 창시자 중 한 명이다. 트루이베르는 코로에게 많은 영향을 받았다.

를 사용하는 사람들, 심지어는 모든 사람, 나아가 모든 동물계, 더 포괄적으로는 모든 생명체와 공통점을 갖는다. 이제 생태학은 이와 같이 더욱 광범위한 공통에 관심을 갖는다. 실제로 공통의 공유는 그 원리에 있어서 확산적이다. 그러나 이런 '공통'도 그 자체로는 모호하다. 왜냐하면 공유의 내부를 정의하는 한계는 공유의 반대로 전환될 수 있기 때문이다. 그런 한계는 이 공통으로부터 다른 모든 것을 배제하는 경계로 전환될 수 있다. **내포**(內包)는 동시에 그 반대인 **배타**(排他)로 드러난다. 내포는 내부로 폐쇄되면서 외부로는 다른 것을 추방한다. 이런 것이 **집단주의**의 비관용이 되는 공통이다.

2. 보편의 유럽적 토대에서—
보편은 시효가 지난 개념인가?

강한 의미에서 유럽문화를 발전시켜온 보편개념은 오늘날 어려움에 처해 있다. 이는 두 가지 각도에서 살펴볼 수 있다. 하나는 우리가 다른 문화들과의 만남을 통해 보편개념이 사유의 특수한 역사의 산물이라는 점을 헤아릴 때 자기모순에 빠져 있다는 사실을 발견할 수 있다. 또다른 하나는 유럽에서 보편개념이 나타나게 된 특수한 역사가 그 확산 과정에서 고찰될 경우 이 역사는 보편개념이 자신의 원리에서 내포할 수 있는 필연의 특성을 그 자체로 갖지 못한다는 것이다. 실제로 우리가 엄밀하게 철학적인 관점에서 벗어나 지금의 유럽이 되기까지 유럽의 문화적인, 즉 더 일반적인 전개 과정 속에서 보편개념의 형성을 고찰할 경우 우리는 보편의 출현이 혼돈된 역사는 아니더라도 혼합된 역사에 속한다는 것을 곧바로 자각하게 된다. 다양하고 때로는 심지어 대립되며 무엇에 의해 그것들이 내적으로 절합(節合)되는지 지각하기 힘든 그런 차원들로 혼합된 역사이기 때문이다. 이에 대해 나는 적어도 세 가지 사례를 들어 살펴볼 것이다. 개념의 (그리스적) 철학적 차원, 시민권의 (로마의) 사법적 차원, 구원의 (기독교적) 종교적 차원이 바로 그것이다. 어떤 '필연적' 관계가 이들을 서로 연결하는가? 이런 연결이 '역사'를 구성하기나 하는가? 여기서 어떤 층위로부터 보편이 구성되었는지 탐색하고, 우리가 아직도 이 보편을 지킬 것인지 결정하려면 이 다양한 차원에 대한 **고고학**을 대략적으로라도 수행해야 한다. 왜냐하면 우리가 이와 같은 과거를 명확히 밝히면서 시작하지 않는다면 우리의 정치적 논쟁은 그 과거에 무한정 사로잡히게 될 것이기 때문이다. 나아가 그 과거를 밝히지 않는다면 가능한 논쟁이 있기나 하겠는가?

이와 관련해 적어도 출발점은 명확하다. 개념으로서 보편의 출현에 대한 첫번째 차원은 개념의 차원 그 자체이다. 즉 보편의 관념이 개념으로 활성화된 것은 철학의 도구로서 개념의 활성화 자체와 융합된다. 우리는 유럽에서 이 같은 유산을 물려받고 태어났다. 왜냐하면 그리스인들은 먼저 세계 '전체'를 말하고자 했기 때문이다. 그리스인들은 매우 성급하고 단호한 시도를 통해 이 '전체'를 정신으로 포착하고자 한 것이다. 전체를 '물', '공기', '무한정'으로 명명할 것인가? 그리스인들은 이 전체에 대해서 합의하지 못하고 심지어 이 전체의 원리에 대해서도 합의하지 못한바, 그들은 포착되지 않는 이 전체를 생각하는 것이 아니라 전체의 양상에서, 즉 '전체에 따라서' 이 전체를 생각하도록 사유를 전환했다(나중에 '가톨릭'은 kath'holou에서 유래하게 된다). 그리스인들은 개념의 양상, 다시 말해서 보편의 양상을 토대로 생각하도록 사유를 전환한 것이다. 철학의 역사는 일반적으로 이런 변천을 소크라테스에 귀속시킨다. 소크라테스와 함께 우리는 어떤 것들이 아름다운 것인지 또는 무엇이 아름다운지를 묻지 않고, 아름다움 **자체**가 무엇인지를 묻는다. 잡다함에서 분리된 이 통일적 전체에 따른 즉자적(卽自的) 아름다움은 무엇인가? 즉 그 본질에서 아름다움을 이루고 우리 눈앞의 그토록 많은 매우 다양한 아름다운 사물들 속에 분산된 것으로 확인되는 즉자적 아름다움은 무엇인가? 다시 말해서 아름다움의 보편 또는 개념으로서의 즉자적 아름다움은 무엇인가? 아리스토텔레스는 『형이상학』을 시작하는 페이지에서 인식을 구성하는 이 추상적 보편으로 올라가기 위해 감각의 개별을 버린다. 유럽에서 학문은 바로 이 추상적 보편을 토대로 확립되었다. 왜냐하면 학문의 조건은 다음과 같기 때문이다. 통상적인 의견은 사물들을 우연의 양상으로, 즉 다르게 될 수 있는 것의 양상으로 고찰하는 반면, 학문은 사물들을 필연의 양상으로 따라서 보편의 양상으로, 다시 말해서 다르게 될 수 없는 것의 양상으로 고찰한다.

그런데 우리(유럽인들)에게 이것은 어떤 영향을 미쳤는가? 또는 어떤 운명이 그려지는가? 학문이 성립 조건의 차원에서 통상적인 의견 체제와 구분된다면 이는 학문과 의견의 명제들의 참되거나 거짓된 특성 때문이 아니다. 왜냐하면 참된 의견도 있기 때문이다. 그 구분은 학문의 명제들이 보편성에 이를 때 이 명제들에 결부된 필연성의 특성에 기인한다. 그러나 학문이 개념의 보편으로 올라가면서 복구 불가능하게 내버려두지 않은 것은 무엇인가? 아마도 인류 역사에서 그리스 사유만이 위험을 무릅쓰고 진입한 갈림길이 여기에 있지 않은가? 그렇다면 보편에 열중하면서 우리는 무엇을 **버렸는가**? 버린 것은 단지 외형적 다양성(또는 이른바 외관의 다양성)인가? 또는 더 정확히 말하면 우리가 버린 것은 개인적인 것(또는 개별적인 것), 즉 **경험을 이루는** 것이 아닌가? 왜냐하면 이미 아리스토텔레스가 지적했듯이 우리가 치료를 하는 것은 이 개별적인 사람, 이 사람 또는 저 사람, 있는 그대로의 '각자'이지 인간 일반이 아니기 때문이다. 그러므로 그 대가로 철학이 철학 자체를 앞에 두고, 철학이 보편을 **향한** 추상화나 개념화에 대한 자체의 시도를 앞에 두고 휩싸인 당혹감은 여기에서 비롯된다. 철학은 실효적인 실재, 즉 개별적으로만 실존하는 것일지 모를 실재를 저버린 것은 아닌가? 그런데 오늘날 우리는 이런 근심에서 조금이라도 벗어났는가? 또는 아리스토텔레스의 말에 따르면 학문이 보편적인 것들을 대상으로 삼는다고 할 때, 이 '대상으로 삼는다'('~에 대하여')는 사실의 부각으로 거리감의 암시와 함께 보편적인 것들을 대상으로 삼는 반면, '실존'에 대해 말하자면 요컨대 실존은 개인들로 이루어진 것이다. 실존은 개별의 유일성에서만 파악된다. 이로부터 보편성에 따라 사유하라는 명령을 승계한 유럽문화에 분열이 생겨났고, 어쩌면 트라우마도 생겨난 것이다. 그리고 이로부터 보편성과 균형을 맞추기 위해 문학의 사명이 유럽문화에 나타난 것이다. 보편성의 요청에 부합하는 탐구로서의 과학과 철학에 맞서 문학은 보편적인 것에 의해 내버려진 **개인적인 것**을 되찾는다. **하나의** 감정을 그려내고 '하나의 삶'을 이야기함으로써 개인적인 것을 되찾는 것이다. 동시에 문학은 **모호함**을 되찾는다. 즉 문학은 삶 자체에 내재하는 모호함, 추상작용이 낳은 **절대**에 의해 내버려진 모호함을 되찾는 것이다.

그런데 로마가 활성화한 보편은 다른 차원에서 발전하고 있으므로 다른 본성에 속한다. 로마로부터 승계한 보편의 유산은 다른 유산인 것이다. 그것은 광대한 제국에 부과된 모습 그대로의 **법**이 내포한 필연성과 연결된다. 로마는 그 광활한 영토를 정복했음에도 불구하고 민족이나 국가로 구성되지 않고 계속해서 도시국가의 전통적 틀에서 구상된바, 시민권이라는 로마의 특수한 틀을 자기 세계 끝까지 점진적으로 확장시킬 수 있었다. 다시 말해서 로마의 역사적 중요성은 도시(urbs)와 세계(orbis)를 동일한 법적 결합으로 통일함으로써 (212년 카라칼라 황제의 칙령으로 완수되었듯이) 로마 고유의 시민권을 제국 전체에 공통된 것으로 만들 정도로 시민권의 공유를 확장한 데 있다. 스토아학파가 말하는 세계 도시국가는 오직 현자의 인물 및 우주와의 융합을 통해 지원된 본질적으로 도덕적인 개념으로서 정치적 영향은 거의 없었다. 이와 반대로 로마에서 '보편적 시민권(civitas universa)'은 실효적인 것이 되기 시작한다. 보편은 법을 통해 철학 및 그 논리적 굴레에서 벗어남으로써 사회적 위상과 사회적 자격의 통일성을 정의한다. 사람들은 자신의 도시국가 시민인 동시에 로마의 시민이다. '작은' 조국을 소유함과 동시에 '큰' 조국을 소유하는 것이다. 지엽적이고 지리적인 '본래적' 조국이 있고, '로마의 것'은 태생적인 것이 아니라 법률적 결합이 구축하는 것이므로 시민권의 조국이 있는 것이다. '로마'는 특정의 개별적 도시에 만족하지 않고 이 같은 보편적 차원을 통해 '세계의 두번째 모국(parens mundi altera)'으로 설립된다.

로마는 요새지대 경계 내에서 비교적 '세계화'에 성공한 첫 번째 사례이다. 그런데 기독교가 로마에 가져온 것 또는 로마에 일으킨 파열은 무엇인가? 기독교는 지금의 모습을 갖추기 전에 그것이 시민적이거나 종교적이든 또는 로마적이거나 유대적이든 간에 합법성의 지배에 대립해 새로운 보편을 확립한다. 이는 법이 아닌 신앙의 보편이며, 로마 시민권의 틀에서와 같이 충만한 방식이 아니라 신의 은총과 사랑의 보편이 아닌 모든 것을 내적으로 비우는 비움의 방식이다. 신의 은총과 사랑만이 주체의 내면성으로 활성화되는 것을 채우고 충족시킬 수 있으며, 나아가 그것에서 넘쳐날 수도 있다. 기독교는 그리스도가 설교한 언어(아람어)가 아닌 다른 언어로 확산되었다는 잘 알려진 특수성만을 나타내지 않는다. 복음서는 그리스도가 설교한 언어가 아니며 게다가 다른 아무 언어가 아닌 철학적 보편의 언어인 그리스어로 쓰였다. 십자가의 '광기(môria)'에 의한 (그리스인들의) 지혜(sophia)의 와해가 그렇듯이 이 둘의 대비는 더욱 두드러질 것이다. 그러나 보편을 활성화한 자로서 바울의 중요성은 민족(문화), 성별, 신분 등 모든 분리의 철회 및 해제에 도달함으로써 기독교의 메시지를 그리스도 삶의 일화로부터 정화했다기보다는 유대교 환경에 대한 그리스도의 의존관계로부터 정화했다는 데 있다. 이와 같은 추상화에 대한 바울의 신조는 다음과 같다. "유대인도 그리스인도 없고 노예도 자유인도 없으며 남자도 여자도 없다." 그러나 모두가 예수 그리스도 안에서 하나를 이룸으로써 신의 자녀라는 동일한 위상에 포함된다. 따라서 그리스도에 대한 믿음은 인간의 조건을 근원적으로 변화시킴으로써 동시에 인간들을 그들 간의 모든 차이로부터 탈피하게 하고 그들을 원리의 동일성 안에 자리잡게 한다. 인간들은 모두 개별 주체로서 그들의 여정에서 동일한 내적 회심으로 부름을 받는데, 이는 **주체들의 보편**에 대한 구상을 시작할 수 있도록 해주기 때문이다.

이처럼 강한 의미의 보편은 철학의 보편의 경쟁자로서 확립된다. 이 보편은 개념의 보편이 아닌 신앙의 보편이다. 신앙은 이제 모든 것의 우위에 있고 모든 것에 승리하며, 신은 어떤 이들에게 더 신이고 다른 이들에게는 덜 신인 것이 아니기 때문이다. 그런데 이 보편은 신성과 그 섭리 구도에 의해 지원될 뿐 아니라 나아가 예고된 대사건의 보편이기도 하다. 그리스도의 부활(죽음에 대한 승리)은 순수하고 절대적이며 모든 일화에서 벗어난 사건으로, 그렇다고 해서 상징적이지도 않으며 그 안에 다른 모든 사건을 흡수하고 있다. 신의 계획과 구원의 구도에 드러난 기독교적 메시지는 모든 사람에게 전적으로 영원히 유효한 것으로 여겨진다. 따라서 진리의 영원성이기도 한 이 보편의 초월성을 역사의 개별적 차원 및 그 시간적 기입과 절합할 일이 남았다. 이는 이미 그리스도의 육화(肉化)에 의해 이루어졌다. 완전히 인간인 동시에 완전히 신으로 생각된 그리스도는 보편과 개별의 두 대립자를 자신 안에서 결합(화해)한다. 보편의 개별로의 이 육화는 곧이어 교회로 옮겨져 실행된다. 그리고 보편의 개별로의 이 육화는 위대한 인간으로 세속화되고(헤겔은 "나폴레옹은 '말 위의 보편정신'이다. 그리고 프로이센 등으로……"라고 하였다) 한 계급에, 즉 인류의 해방을 담지한 프롤레타리아 계급에 맡겨진다(마르크스). 이어서 보편의 개별로의 이 육화는 한 문화에, 즉 서구문명에 맡겨진다. 서구문명은 '보편적 가치들'을 담지한 문명으로 표명되기 때문이다.

보편에 대한 서구의 이 같은 주장은 당연히 유지될 수 없다. 여기서 나는 '서구'를 말하는 것이지 '유럽'을 말하는 것이 아니다. 서구는 지리적으로 유럽보다 훨씬 광범위할 뿐 아니라 이데올로기적인 개념이며, 유럽과 마찬가지로 역사적인 개념이 아니다. '서구'는 힘, 가치, 패권의 축을 근거로 생각되기 때문이다. 그런데 서구는 이런 패권을 상실함과 동시에 자신이 구현한다고 주장하는 보편주의에 부여된 신뢰를 상실하게 되었다. 오직 힘을 통해 부과된 보편주의 말이다. 우리는 다른 문화를 만나면서 보편에 대한 이 같은 갈망이 그 자체로 보편적인 것인지 자문하게 된다. 그러나 우리는 보편성의 이런 요구가 얼마나 다양한 차원(최소한 세 가지인 개념의 추상화, 시민권, 구원)에 속하는 것인지를 또한 확인하게 된다. 보편성이 보정을 위한 것이 아니라면, 즉 보편성이 이 다양한 차원의 파열들을 상쇄하기 위해 요청된 것이 아니라면, 그리고 보편을 요체로 끌어올리고 그 논리적 합법성을 모든 측면에서 보편적 요청으로 삼아야 했던 것이 학문·법·믿음처럼 극히 이질적이고 심지어 모순적인 것들을 '함께 잡아두기' 위해서가 아니라면 말이다. 유럽문화보다 더 통합되고 더 동질적인 문화라면 보편성의 이 같은 이음쇠가 필요할까? 유럽의 미래와 무엇보다도 '유럽'을 이루고 있는 것을 진지하게 생각하고자 한다면 회고적으로 질문을 던져야 하고, 이런 내적 성찰을 이루어야 한다. 그러나 그렇다고 해서 유럽에서 활성화된 모습 그대로의 보편의 요청은 시효가 지났음을 의미하는가? 만약 이런 보편의 요청이 힘의 관계에서 다른 문화에 부과된 것이므로 따라서 '서구적' 가치로서 역사 속에서 위태로워진 것이라면, 그것은 더이상 활성화되지 않으며 더이상 원용될 수 없다는 것인가? 혹은 보편의 이런 역사적 유산에서 이제 그 타당성을 이룰 수 있는 것을 선별하고 재정의해야 하지 않겠는가? 여하튼 한 가지는 확실하다. 그것은 종합이나 완결성의 형태로서 보편의 형태는 효력이 없다는 것이다. 우리가 보편에 이르렀다고 믿는 것은 그런 보편성에 결여된 것이 무엇인지 모르기 때문이다. 반 에이크(Van Eyck)[4] 형제는 「겐트[5]의 제단화」에서 하느님의 어린 양의 제단 주위에 전 세계의 군중을 그렸다. 제단화 상단에는 성부와 성자로 나타나는 신이 함께 자리잡고 있으며, 배경은 예루살렘이나 겐트로 보이는 성벽으로 이루어져 있는데, 그들은 그야말로 시효가 지난 보편을 그린 것이다. 여기에 표현된 종말론적 메시지 때문만이 아니라 전경으로 보여주는 이런 보편은 그 전체성에 결여된 것의 관념이 없기 때문이다. 이런 보편은 자신이 이미 성취했고 결정적으로 도래했다고 여기며 자신에게 결여된 것이 무엇인지 더이상 염려하지 않기 때문이며, 자신의 실정성에 안주하고 더이상 나아가려고 하지 않기 때문이다. 그것은 활성화하는 것이 아니라 이미 충족된 것이다. 마찬가지로 우리는 여성들이 배제된 사실을 생각하지도 않은 채 1세기 이상 동안 '보통' 선거를 말할 수 있었다.

---

4 반 에이크(Van Eyck, 1395?~1441)는 북유럽 회화의 아버지로 평가되는 화가로 15세기 플랑드르 사실주의 미술을 이끌었다.

5 겐트(Ghent)는 플랑드르 지역의 도시로 오늘날 벨기에 브뤼셀 북서쪽에 위치한다.

다시 말해서 **보편**은 **보편주의**와 반대로 생각되어야 한다. 보편주의는 자신의 패권을 강요하고 보편성을 소유했다고 믿기 때문이다. 이와 반대로 투쟁하며 옹호해야 할 보편은 결코 충족되지 않은 저항적 보편이다. 또는 모든 고정된 실정성의 안락함을 해체하는 부정적 보편이라고 말할 수 있다. 이는 (포화상태의) 전체적 보편이 아니라 반대로 모든 완결된 전체성에서 결핍을 다시 들추어내는 보편이다. 이 보편은 (칸트적 이념의 의미에서) **조정 기능의** 보편이며, 결코 충족되지 않기 때문에 끊임없이 지평을 뒤로 밀어내고 탐구를 무한정 가능케 해주는 것이다.[6] 그런데 이 보편은 단지 이론적 차원이 아닌 정치적 차원에서도 소중하다. **공통**의 전개를 위해 요청해야 할 것은 특히 이런 보편이다. 왜냐하면 보편에 대한 이 같은 관심은 보편의 이념적 측면을 결코 도달하는 것이 아닌 이상(理想)으로 활성화함으로써 공통이 너무 일찍 한정되지 않도록 이끌기 때문이다. 공통의 **공유**가 열려 있고 경계로 전환되지 않도록, 그리고 자신의 대립물인 배제, 즉 집단주의를 낳는 배제로 전복되지 않도

6 줄리앙은 실제로 도달하지는 않았으나 현실을 긴장 속에 몰아넣고 개선할 수 있는 동력으로 작용하는 '요청'으로서의 '이상'에 조정 기능을 부여한다. 최근 줄리앙이 주조한 신조어 '부정의 행동'도 같은 맥락에서 이해해야 한다. 그는 '부정'을 의미하는 négation과 '행동'을 의미하는 action 또는 형용사형 actif를 합성해 négaction 또는 négactif라는 신조어를 최근 저작들 및 강연에서 자주 사용하고 있다. 도달하지는 않았지만 요청으로 상정된 이상의 지평에 의거해 우리는 구체적 현실 상황을 비판하고 그것에 대해 반대할 수 있다. 줄리앙에 따르면 플라톤의 이데아의 진정한 의미도 이런 조정 기능에서 찾아야 한다.

록 내세워야 할 것은 바로 보편에 대한 이러한 관심이다.

그러나 우리가 보편에 대해 가장 확실하다고 믿어온 영역, 즉 보편의 논리적 차원과 관련해 보편에 대한 의문점이 먼저 제기된다. 고전철학은 이 질문에 긍정적으로 답하는 것을 주저하지 않았다. 그러나 우리는 오늘날 다른 문화와 만나면서 문제를 다시 제기하게 된다. **즉각적으로 보편적인** 개념들은 존재하는가? 다시 말해서 모든 인간 지성의 기원적 개념들, 즉 그것들 아래에서 결과적으로 문화와 사유의 모든 다양성이 원리적으로 정돈될 수 있는 개념들이 있는가? 언어의 법칙 목록뿐 아니라 '범주'에 대한 칸트적 목록 같은 정신의 법칙 목록처럼 유럽어의 내부에 머물러 있는 한(그런 정돈의 개념을 증명하는 한) 사람들은 그렇게 믿는다(나도 그렇게 믿었다). 그런데 나는 중국과 같이 유럽 언어와 유럽 전통의 외부에 있는 문화를 접하게 되면서 이것에 대해 더이상 확신하지 못한다. 예를 들어 '실체'의 개념은 보편적인 것으로 정립되지만, 중국어처럼 '존재'(또는 비존재, '존재하는가 아니면 존재하지 않는가to be or not to be')를 말하지 않고 단지 술어만을 말하는 언어에서 과연 실체 개념이 필연적이며 나아가 가능하기나 한 것인가? 중국어는 사물에 내재되어 있는 '존재'를 파악하는 데 관심을 두지 않았으니 말이다. 중국어에서는 '사물'을 '동서(東西)'라고 말하는데, 이는 본질로서 말하는 것이 아니라 관계 속에 있는 것으로 말하는 것이다. 이는 단지 말하는 방식이라고 할 수도 있지만, 말하는 방식은 **또한**(우선) 사유하는 방식이기도 하다. 또는 중국어처럼 형태론이 없어서 복수와 단수 중 필연적으로(문법적으로) 선택할 필요가 없는 언어에서 단수성과 복수성의 구분은 근원적이고 따라서 보편적인 것인가? 나아가 중국 사유가 우리에게 그렇게 사유하도록 인도하듯이 (유럽에서 그리 사유되지 않은) **이행**(transition)이라는 극히 미묘한 단계를 사유하는 법을 배운다면, 실존과 비-실존의 구분은 과연 보편적이며 논리적 필연성을 갖춘 것인가? 중국 문사와 같이 저녁나절이나 안개를 그리면서 유(有)와 무(無) 사이를 그리는 법을 배운다면 말이다.[7]

이는 보편이 즉각적으로 마주할 수 있는 것이 아니며, 적어도 우리는 보편에 대해 확신하지 못한다는 것을 뜻한다. 즉 보편은 **그대로 주어진 것**이 아니다. 보편은 우리가 머리를 기댈 수

---

7 중국 사유에서 세계는 물질적·감각적인 것과 정신적인 것이 명확히 구분되지 않는 운행(運行)의 공간이다. 그래서 중국 회화는 격리되어 고정된 존재가 아닌 변화를 그린다. 정확히 대립되고 구분되는 것을 그릴 경우 이는 상투적인 사진과 다르지 않다. 운행이 변화하는 양상은 이완과 응축, 드러남과 잠김, 무형과 유형, 비움과 채움 사이의 중단 없는 교차이다. 그래서 중국 회화론에 따르면 비오는 날의 산이나 맑은 날의 산을 그리는 것은 쉬운 일로서 큰 의미가 없다. 그것들은 굳어진 모습이고 안정된 형상이기 때문이다. 반면 맑은 날씨가 비로 젖어들거나 비오는 날씨가 맑은 분위기로 전환될 때, 흩어졌던 안개가 저녁 무렵 다시 모일 때, 드러나고 잠기는 것이 혼동될 때, 있고 없음, 채움과 비움이 동시적일 때의 모습은 그리기가 어렵다. 그러나 허실을 말할 때 비어 있음을 모종의 신비적 실체로 간주하거나 채워 있음을 고정된 형태로 간주해서는 안 된다. 비어 있음은 단지 통상적인 기능으로서 의문이나 논란의 대상이 아니다. 비움은 지식의 문제 또는 '대상'이 아니다. 지식의 문제에 앞서 우리는 비움이 언제나 작동중이라는 것을 끊임없이 체험하기 때문이다.

있는 푹신한 베개가 아니다. 유럽적 지식이 자기 역사를 거치며 가공한 '보편적' 범주 아래 언어와 문화의 다양성이 편입되어 정돈될 수 있다는 근거는 전혀 없다. 이와 반대로 보편이 우리 앞에 지평으로서, 즉 결코 도달하지 못하고 결코 충족되지 않은 이상으로서 투영된다면 보편은 탐구를 가능하게 해준다. 보편이 요청으로서 상정될 경우 이는 문화를 그들의 '차이'로 후퇴하지 못하게 하고, 그들의 이른바 '본질'이라는 것 안에서 만족해하지 못하게 한다. 이는 문화를 다른 문화, 다른 언어, 다른 사유로 향하게, 즉 **긴장하게** 하며 또한 결과적으로 이런 보편의 요청에 따라 끊임없이 스스로를 다시 재구성하게 한다. 따라서 끊임없이 변하도록, 다시 말해서 살아 있도록 한다.

3. 차이 혹은 간극—동일성 혹은 생산력

따라서 질문은 다음과 같이 다시 제기된다. 공통을 집단주의로 후퇴시키는 대신 **공통을 열린 채로 유지하는 보편**과 관련하여 어떤 관점에서 보편의 대립물인 문화의 **개별**을 생각할 것인가? 어떤 관점에서 언어와 더불어 사유의 **개별**을 생각할 것인가? 보편과 개별을 어떻게 결합할 것인가? 우리가 문화적 다양성을 **단형**의 표준화 아래 지워지지 않게 하고, **공통**을 **닮음**과의 혼동에서 벗어나게 한다면 이제 어떻게 문화적 다양성에 접근해야 하는가? 일반적으로 우리는 철학에서 물려받은 오래된 짝인 '차이'와 '동일성'을 근거로 이 문제를 다룬다. 우리는 그리스인들 이후로 인식의 질서에서 그것이 얼마나 효과적인지 확인해온 차이와 동일성의 짝을 근거로 이 문제를 다루는 것이다. 그러나 차이와 동일성의 짝은 현재의 이 논쟁에 적합한가? 문화의 다양성을 차별적인 요소들을 근거로 특유의 성질들에 따라 설명해야 하는가? 그렇게 구분된 각 문화의 정체성을 발생시키는 특징들로 여겨진 특유의 성질들 말이다. 이미 이야기 했듯이 나는 이 점에서 개념들에 대한 혼동이 생기고, 이 개념들이 적합하지 않을 경우 논쟁이 결론나지 않을 것을 우려한다. 마찬가지로 나는 문화적 '정체성'을 대상으로 삼는 논쟁은 그 원리에서 오염되어 있다고 생각한다. 그렇기 때문에 나는 개념적 전환을 제안하고자 한다. 나는 차이를 내세우는 대신 **간극**의 관점에서, 정체성 대신 **자원** 또는 **생산력**의 관점에서 문화의 다양성에 접근할 것을 제안할 것이다. 이는 용어의 의미를 정제하자는 것이 아니라 논쟁을 재구성할 수 있게 해주는 분기(分岐) 또는 미리 이야기하자면 간극을 도입하자는 것이다. 즉 논쟁을 그 구습에서 벗어나게 하여 더 확실한 방법으로 다시 시작하게 해주는 분기나 간극을 도입하자는 것이다.

내가 간극과 차이 각각의 정체를 식별하면서(따라서 인식의 관점에서) 논의를 시작하고자 한다면 간극과 차이 사이에 어떤 차이를 확립할 것인가? 두 경우 모두 분리를 나타낸다. 그러나 차이는 **구분**의 시각에서 분리를 나타내고, **간극**은 거리의 시각에서 분리를 나타낸다. 따라서 분석이 유사성과 차이를 통해 이루어지므로 차이는 정체를 규정하는 동시에 분류하는 기능이다. 아리스토텔레스가 이야기한 것처럼 '차이에서 차이로' 나아감으로써 우리는 정의(定義)에 의해 규정된 사물의 본질을 제공하는 궁극적인 차이에 도달하게 된다. 이에 대해 **간극**은 자기동일화의 모습이 아니라 다른 가능성을 출현하게 하는 탐색의 모습으로 나타난다. 따라서 간극은 차이와 달리 여러 유형론(類型論)을 내세우는 분류 기능이 없으며, 오히려 그런 기능을 넘어서는 데 있다. 간극은 정돈이 아니라 **흐트러짐**을 만들어 낸다. 우리는 일상적으로 '비켜가다'('이탈이 어디까지 이어질 것인가?')라고 말한다. 즉 규범과 정상에서 벗어난 것을 말한다. 이미 언어나 행동의 간극들이 바로 그런 모습이다. 또한 간극은 기대한 것, 예상한 것, 합의된 것과 대립된다. 차이는 묘사에 주목하고 이를 위해 **규정**(그리스인들이 주장한 본질의 구분과 '분석')을 통해 나아가는 반면 간극은 **탐사**에 착수한다. 간극은 어디까지 다른 길이 열릴 수 있는지 조망하고 탐색한다. 간극의 모습은 모험적이다.

쟁점이 되는 차이, 즉 '차이'를 좀더 정확히 해보자.[8] 왜냐하면 현재 나는 우선 인식의 분석적 관점에 있기 때문이다. 그러나 이는 엄밀히 말해서 간극을 효력 있게 하기 위해서이다. 즉 문화적 차이에 대한 이 논쟁이 사유되지 않은 것으로서 갖는 것[9], 그 때문에 이 논쟁이 교착상태에 빠진 바로 그것으로

---

8 일종의 언어유희이다. 이 문장에서 앞의 차이는 '간극'과 '차이' 사이의 차이를 나타내고, 뒤의 차이는 간극과 차이가 나는 차이, 즉 문화 연구에 적합하지 않은 개념인 차이이다. 줄리앙은 차이를 간극으로 대체할 것을 제안하고 있다.

9 '사유되지 않은 것'을 사유하는 것이야말로 줄리앙의 핵심적인 철학 작업이다. 예를 들어 계획과 실행, 이론과 실천의 이분법 구도를 줄리앙은 모델화라는 서양의 고질적이고 유전적인 사유 습관, 즉 습벽(習癖)으로 규정한다. 그는 『효율성 논고』에서 다음과 같이

부터 내가 거리를 두는 간극을 효력 있게 하기 위해서이다. 그리고 이는 이 논쟁에 접근하기 위한 새로운 발판을 따로 확보하기 위함이다. 차이는 구분을 통해 나아가면서 하나의 종류를 다른 종류들과 분리하며, 한 종류의 특성을 비교를 통해 확립한다. 차이는 그 안에서 차이가 나타나는 최근종(最近種)[10]을 전제로 하며 동시에 자기동일성의 규정에 이른다. 그런데 이는 문화의 다양한 모습에 접근하기 위해서도 타당한가? 왜냐하면 이렇게 함으로써 차이는 한 항을 다른 항과 일단 구분한 뒤 이 다른 항을 저버리기 때문이다. 예를 들어 플라톤이 (반어적으로) 교육적 차원에서 그렇게 하듯이 내가 낚시꾼을 정의하고자 한다면 나는 생산활동과 습득활동을 구분하면서 시작할 것이고, 습득활동을 취함으로써 생산활동을 저버릴 것이다. 그다음 습득과 관련해서 교환과 포획을 구분하면서 교환을 저버린다면 포획을 간직할 것이다. 그다음 포획 대상과 관련해서 생물과 무생물을 구분하면서 무생물을 저버린다면 생물을 간

이야기했다. "이 구도에 대해 질문을 던지기나 하는가? 이 구도는 너무 우리 자신의 것이 되어버려서 우리는 그것을 보지도 못하며, 우리 자신을 보지도 못할 정도이다. 우리는 관념적 형상을 세우고 그것을 목적으로 설정하며, 그다음 그것을 사실로 구현하기 위해 행동한다. 목적, 이상적 관념 그리고 의지는 모두 당연하게 보일 것이다." 이런 습벽이 사유되지 않은 채 문화 담론을 진행할 경우 우리는 결국 서구문명을 중심에 놓고 다른 문화를 서구문화의 변주로 간주하는 오류를 범하게 된다. 이 때문에 줄리앙은 서양철학을 중국이라는 '바깥'을 통해 해체하는 작업을 수십 년간 진행해온 것이다. 그의 문화론은 자신이 서양철학과 중국철학을 맞대면시켜온 과정을 다시 바라보는 관점이기도 하다.

10 어떤 개념과 가장 가까운 하위에 있는 종개념.

직하는 등으로 진행할 것이다. 바로 이런 식으로 차이에서 차이로 나아감으로써 확립된 비교의 항들 중 하나만을 매번 간직하고 다른 항을 버림으로써 낚시꾼의 정의에 도달할 것이다. 차이에서는 일단 구분이 이루어지면 두 항의 각각은 다른 항을 망각한다. 각각의 항은 자신에게 되돌아간다.

이와 반대로 **간극**에서는 분리된 두 항이 서로 마주보는 상태를 유지하며, 이 점에서 간극은 사유하기 위해 소중한 것이다. 두 항 사이에 나타난 거리는 분리된 상태를 긴장관계로 유지한다. 그러나 '긴장관계'를 유지한다는 것은 무엇을 의미하는가? 차이에서는 일단 비교를 통해 실행된 관계 설정이 이루어지면 두 항 각각이 자신의 고유한 특성에 다시 갇히면서 자기 쪽으로 평온하게 되돌아간다면, 반대로 간극에서는 나타난 거리를 통해 두 항 각각이 상대와 대면관계에 있게 된다. 각각은 상대에게 열려 있고 상대에 의해 당겨지며 끊임없이 이 같은 맞대면 속에서 자신을 파악해야 한다. 이 맞대면은 해체되지 않는다. 이 **마주보기**는 작동중이며 생동적이다. 이는 또한 강도를 갖는다. 다시 말해서 차이에서는 비교된 항들 각각이 대립을 통해 자신의 본질을 식별하게 함으로써 자신의 순수성 속에서 파악된 자신의 본질로 후퇴한다면, 반대로 간극에서는 간극이 벌어진 두 항이 서로가 서로에 의해서(이 '의해서'가 효력을 발휘한다) 긴장관계에 처함으로써 각자는 끊임없이 상대에 따라서 평가되어야 하고 상대에게 '매달려' 있는 것처럼 된다. 각자는 끊임없이 상대에게서 자신을 발견하고 자신을 탐색하는 동시에 상대를 통해서 자신을 되돌아보는 것이다. 각각은 자신을 인식하기 위해 상대에게 의존하게 되고 이른바 자기 동일성으로 후퇴할 수 없다. 간극은 서로 간에 열린 거리를 통해 결과적으로 '사이'를 나타나게 하며, 이 사이는 효력을 갖는다. 차이에서는 각각이 자기동일성의 정체를 더 잘 확인하기 위해 상대로부터 분리되어 자기 쪽으로 되돌아가므로 서로 간에 열리는 사이가 없으며 더이상 아무 일도 일어나지 않는다. 반대로 간극의 경우는 거리가 나타나면서 열린 사이 덕분에 각각은 자신에게로 후퇴하고 자신 안에서 안락을 취하는 대신, 상대를 향하게 되고 상대를 통해 긴장 속에 놓인다. 이 점에서 간극은 윤리적이고 정치적인 사명이 있는 것이다. 양자 간에 열린 이런 사이에서는 서로가 서로에 의해서 자신에게서 벗어나고 작업하게 하는 강도가 전개된다. 우리는 문화 간의 상호관계가 이로부터 얻을 수 있는 것이 무엇인지 이미 예감할 수 있다.

우리가 '사이'를 사유할 줄 모른다는 것은 사실이다. 왜냐하면 '사이'는 '존재'에 속하지 않기 때문이다. 그렇기 때문에 사이에 대한 사유는 오랫동안 우리에게 포착되지 않았었다. 그리스인들은 존재(Être)를 존재의 용어로, 즉 규정과 속성의 용어로 사유했다. 결과적으로 그들은 비규정을 혐오했기 때문에 이것도 아니고 저것도 아닌, 각각이 다른 것에 의해 넘쳐나고 자신의 즉자(卽自)와 '속성'을 박탈당하는 '사이'를 사유할 수 없었다(이 때문에 그들은 '사이metaxu'를 사유할 줄 몰랐으므로 형-이상-학의 '넘어섬meta'을 사유했던 것이다). 왜냐하면 이것도 아니고 저것도 아닌 '사이'는 즉자가 없고 본질도 없으며 자기 고유의 것은 아무것도 없기 때문이다. 엄밀히 말해서 '사이'는 '존재'하지 않는다. 그렇다고 해서 사이가 '중립적'인 것은 아니며, 다시 말해서 효력이 없는 것은 아니다. 왜냐하면 귀속성과 속성, 즉 차이에 의해 구축되는 속성의 틀을 깨고 '어떤 것'이 통(通)하며(일어나며) 따라서 자기동일성이 해체되는 것은 바로 이런 '사이', 요컨대 간극에 의해 열리고 흡수되도록 두지 않는 사이 안에서이기 때문이다. 결과적으로 사이를 사유하기 시작하려면 (존재론의) 존재에 대한 사유에서 벗어나야 할 것이다. 이는 철학자들보다 화가들이 이미 먼저 행한 것이다. 조르주 브라크는 다시 "사과와 접시 사이에 있는 것 역시 그려져 있다"라고 이야기했다.

그런데 차이는 자기동일성과 연결된 운명이 있는데 이는 두 가지 측면에서 이중적으로 연관되어 있다. 그중 하나는 그 출발점, 즉 상류에서 자기동일성이 공유된 공통의 종류를 가정한다. 그 안에서 차이가 정의를 나타내는 그런 공통의 종류를 가정하는 것이다. 다른 하나는 그 도착점에서, 즉 자신의 목표 및 목적지에서 본질과 자신의 정의를 고정하는 자기동일성을 확인하게 된다. 앞에서 이야기했듯이 이 점에서 차이는 자기동일성을 규정하는 기능이다. 차이가 으뜸으로 설정되고 공통점에서 해방된 언어학에서조차도 차이는 이와 같은 자기동일성 확인의 차별적 기능에서 벗어나지 않는다. 이런 기능으로부터 지표자(指標字)들로 확립된 속성들이, 그리고 이에 따라 인식의 가능성 자체가 비롯된다. 그런데 **간극**은 우리로 하여금 자기동일성의 관점에서 벗어나게 해준다. 즉 간극은 자기동일성이 아닌 내가 '생산력' 또는 다른 말로 **자원**이라 명명할 것을 나타나게 한다. 간극이 열리면서 다른 가능성이 부각된다. 간극은 우리가 고려하지 않았고 심지어 생각조차 하지 않았던 다른 자원들을 발견하게 한다. 기다린 것, 합의된 것에서 벗어남으로써('비켜감으로써'), 주지(周知)의 것에서 분리됨으로써, 간극은 늘 그렇듯이 흐트러트림으로써 우선은 사유에 포착되지 않는 '어떤 것'을 불쑥 나타나게 한다. 이 점에서 간극은 생산적이다. 간극은 분류를 통해 인식의 기회를 제공하는 것이 아니다. 그러나 간극은 자신이 행하는 긴장관계의 설정을 통해 반성을 촉발하게 만든다. 간극을 통해 열린 **사이**, 즉 효과적이고 창의적인 **사이**에서 간극은 작업할 수 있게 해준다. 왜냐하면 간극에서 서로 분리되고 간극을 통해 대면관계를 유지하게 되는 두 항은 벌어진 상태가 나타남에 따라 끊임없이 스스로에게 질문을 던지기 때문이다. 두 항의 각각은 상대에 의해 연관되고 상대에 대해 자신을 닫지도 않는다. 그런데 문화가 차이로 후퇴하기보다 오히려 이런 것이야말로 문화 간의 관계를 활용할 수 있는 것이 아닌가?

4. 문화적 정체성은 없다

실제로 이와 같은 개념들의 구분, 즉 간극과 차이의 구분으로부터 우리는 문화적 정체성이 존재할 수 없는 이유를 파악하게 될 것이다. 그리고 무엇보다 먼저 문화의 다양성을 고찰하기 위해 차이의 관점을 채택하는 것이 반드시 궁지에 몰릴 수밖에 없는 이유를 파악하게 될 것이다. 차이의 상류와 하류 모두에서 궁지에 몰리게 되어 있다. 차이의 상류와 하류 양쪽에서 자기동일성이 다시 발견되기 때문이다. 왜냐하면 우리는 문화적 차이로 설정될 것의 상류에서 공통되고 단일하며 근원적인 유(類)로서의 최초의 자기동일성, 즉 그것으로부터 문화의 다양성이 전개될 자기동일성을 가정하도록 논리적으로 이끌려가기 때문이다. 그런데 다양한 문화가 그것의 특수한 차이로 나타날 이 공통된 유[最近類][11]는 어떠한 것인가? 그것을 '인간'

11 어떤 개념과 가장 가까운 상위에 있는 유개념.

또는 '인간 본성'으로 부를 것인가? 그러나 이런 표상들에 믿을 만한 내용물, 즉 단지 이데올로기적 구성이 아닌 것을 부여하기가 어려울 것이다. 그런데 마치 부채를 펼치듯 곧이어 문화적 차이들을 그로부터 생겨날 수 있게 할 그들의 상류에서 다른 무엇을 투영할 것인가? 사람들이 또한 그렇게 했듯이 그것을 '공통된 바탕'으로 명명할 경우, 일단 차이의 논리에 진입하게 되면 동시에 최초의 일자와 일원론의 신화를 자신의 조건처럼 따라야 하기 때문에 항상 그것은 벗어날 수 없는 이 거대한 미지의 X를 명명하는 고지식한 방식에 불과하다.

왜냐하면 어떤 수준에서 문화를 고찰하든지 간에 문화의 고유한 점은 개별적인 **동시에** 복수형으로 쉽게 드러날 것이기 때문이다. 반대로 이야기하면 저주와 같은 것을 통해(바벨탑)[12] 또는 적어도 (자기 증식을 통한) 복잡화에 의해 **나중에** 다양화될 문화적 단일성-자기동일성이 먼저 존재할 것이라는, 편리하지만 역시 영원히 신화적인 표상에서 벗어나야 한다. 언어의 다양성이 그 증거인데, 이 다양성은 결코 추후에 나타난 현상이 아니다. 오히려 문화의 고유한 점은 복수와 단일 사이의 긴장 또는 간극에서 전개되는 것이라고 말할 수 있다. 즉 문화는 융

12 「창세기」 11장 1~9절의 바벨탑을 세우는 이야기에 따르면, 바빌로니아 사람들은 꼭대기가 하늘에 닿는 탑을 쌓음으로써 이름을 떨치려고 했다. 신은 일하는 사람들의 언어를 혼란시켜 더이상 서로의 말을 알아듣지 못하게 하여 공사를 막았다. 결국 바벨탑은 완성되지 못했고 사람들은 온 땅으로 흩어졌다. 바벨탑 이야기는 인간의 언어가 여러 가지인 이유를 설명한다고 알려져 있다.

합과 분리, 탈-동일화와 재-동일화, 순응과 저항을 동시에 가져오는 이질화와 동질화의 상반된 이중 운동에 걸쳐 있다. 간단히 말해서 지배적 문화는 동시에 그리고 곧이어 (언더그라운드, '전위적 연극off' 등) 분란의 문화가 형성되지 않고서는 존재하지 않는다. '문화적인 것'이 작동하게 하고 따라서 계속적으로 변하게 하는 간극을 통해 산출된 다양성의 긴장이 아니라면 과연 무엇으로부터 '문화적인 것'이 생겨날 수 있겠는가?

하류에서도 마찬가지이다. 즉 문화의 다양성을 차이에 의거해 다루면 문화 각각을 각자의 자기 정체성 안에 격리하고 고정하게 될 것이다. 그런데 이는 불가능한 일이다. 왜냐하면 변천하고 변화하는 것이 문화의 고유한 점이기 때문이다. 이런 이유는 문화의 본질 자체에 기인하기 때문에 압도적이다. 더이상 변화하지 않는 문화는 (우리가 사어(死語)를 말하듯이) 죽은 문화이다. 그 언어를 더이상 사용하지 않으면 그것은 이제 진화하지 않는다. **변화**는 문화의 원리이므로 문화적 특질을 확립하거나 한 문화의 정체성에 대해 이야기하는 것은 불가능하다. 프랑스문화를 어떻게 특징지을 것이며, 프랑스문화의 정체성을 어떻게 고정시킬 것인가? 장 드 라퐁텐(Jean de la Fontaine)[13]이나 아르튀르 랭보(Jean Nicolas Arthur Rimbaud)

---

13 장 드 라퐁텐(Jean de la Fontaine, 1621~1695)은 프랑스 고전주의의 시인이며 우화 작가이다. 그는 프랑스 문학의 위대한 걸작 중 하나인 『우화시』를 발표했다. 『우화시』는 주로 이솝의 소재를 중심으로 집필되었다.

의 모습으로 프랑스문화의 정체성을 고정시킬 것인가? 르네 데카르트(René Descartes)나 앙드레 브르통(André Breton)[14]의 모습으로 프랑스문화의 정체성을 고정시킬 것인가? 이들 중 어느 한 사람이 다른 사람보다 더 프랑스문화를 대표한다고 할 수 없다. 그러나 프랑스문화는 당연히 양자 간의 **간극**에 있다. 양자의 긴장 **속에** 또는 양자 간의 열리는 **사이**에 있는 것이다. 양자 사이에 열린 과도하고 엄청난 그러나 실제로 그것이 형태를 갖추게 된 모습 그대로의 간격이 프랑스문화의 풍요로움이나 **자원**을 이루는 것이다.

왜냐하면 이 두 인물상은 그들의 간극을 통해 서로 조명하고 서로를 통해 더 잘 이해하며 서로 바라보기 때문이다. 이런 점에서 랭보에서 라퐁텐으로, 브르통에서 데카르트로 하나에서 다른 것으로 거슬러올라가는 것도 포함된다. 랭보에 의해 열린 간극은 실제로 라퐁텐, 다시 말해서 평범함의 운명, 상투적 표현으로 전환되는 우리의 (교과서적인) 관례적인 독서의 운명을 다시 돌연 나타나게(다시 솟아나게) 한다. 다시 말해서 라퐁텐을 그 고유의 창조성 속에서 발견할 수 있게 해주는 것이다. 랭보와의 간극을 통해 재발견된 라퐁텐은 자신의 독특함과 심지어 기이함을 되찾게 된다. 또는 초현실주의에 의해 열린

14 앙드레 브르통(André Breton, 1896~1966)은 20세기 초현실주의를 대표하는 프랑스의 시인이자 미술 이론가이다.

간극은 프랑스의 합리주의[15]를 다시금 긴장 속에 놓이게 함으로써 이 합리주의가 얼마나 대담하고 모험적이었는지를 다시 고찰하게 해준다. 또한 정신이 합리주의에서 어느 정도로 위험을 무릅썼는지를, 즉 어느 정도로 정신이 통상적이지 않고 독창적인지를 다시 고찰하게 해준다. 이렇게 보지 않고 하나를 다른 것보다 특권화하게 되면 우리는 이 다른 것을 예외적인 상태, 즉 당연히 정당화할 수 없는 것으로 환원하게 된다. 더 정확히 이야기하면 예외적인 것으로 간주될 것이야말로 가장 의미 있거나 창조적인 것이기 때문에 규범, 예상된 것, 합의된 것과 간극을 벌림으로써 하나의 문화 안에서 가장 흥미로운 것이 되어버린다.

그런데 이처럼 개념들에 대해 오류를 범할 때 치르게 되는 대가를 살펴보아야 한다. 문화의 다양성을 차이와 동일성에 의거해 접근하는 것이 그 자체로—정치적으로—위험할 수 있다는 것을 헤아려야 한다. 이런 일이 사유뿐 아니라 역사에서도 어떤 대가를 치르게 되는지 헤아려야 한다.

이와 관련해서 새뮤얼 헌팅턴(Samuel Huntington)의 『문명의 충돌』 같은 저작은 기념할 만하다. 세계의 주요 문화('중국문화', '이슬람문화', '서양문화')가 무엇인지를 차이, 따라서 자기동일성에 의거해 묘사한 것, 이 문화의 특징들을 확립한 것, 결과

15 르네 데카르트(René Descartes)로 대표되는 프랑스의 합리주의를 의미한다.

적으로 이것들을 도식화하고 유형론으로 정리한 것은 그 편의성 덕분에 성공을 거두기에 부족함이 없었다. 왜냐하면 이는 당연히 거슬리는 것이 아무것도 없었고, 합의된 것에 대해 어떤 간극도 벌리지 않았기 때문이다. 또한 우리가 문화로 인해 혼란스러워하지 않기 위해 기꺼이 그것에 문화를 환원시킨 상투적인 것, 즉 선입견을 전혀 해체하지 않았기 때문이다. 각 문화의 고유한 이질성(다시 말해서 그 문화의 내적 '이지성(異地性)')을 인정하지 않을 경우, 즉 그 문화에 고유하지만 간극을 통해 그야말로 그 문화를 내부에서 전개하고 강화하는 이질성을 인정하지 않을 경우 우리는 분류 고유의 편의를 따르는 동시에 안심하게 된다. 그러나 이처럼 한 문화의 '단단한' 또는 순수한 '핵'이 있는가? 이와 같이 헌팅턴은 문화들을 상투성으로 환원시킴으로써 그것들에 대한 흥미로운 그 무엇도 포착하지 못한다. 그뿐만 아니라 문화들을 서로 격리시키고 그들 서로 간의 특유성, 그들의 가장 특징적인 차이에 가둬버리고 그들의 자기동일성으로 다시 후퇴하게 함으로써 결과적으로 그는 문화들 간의 '충돌'에 도달할 수 있을 뿐이다. 그의 저작에 **충돌**(clash)이라는 제목을 붙인 것처럼 말이다.

여기에 치러야 할 대가나 손실이 있다는 것은 유럽을 곤경에 빠뜨린 것을 통해 우리와 더 가까이서 헤아릴 수 있다. 우리가 유럽 헌법의 전문(前文)을 작성하고자 했을 때 우리는 유럽이 무엇인지를 정의하고 유럽의 정체성에 대해 합의하려고 생각했다. 그런데 유럽의 정체성에 대한 정의는 불가능했고 출구가 없었다. 몇몇 사람이 (프랑스의 '기독교적 기원', 즉 클로비스[16]를 내세우면서) 유럽을 정의했듯이 유럽은 기독교적인가? 아니면 ('계몽주의'의 강력한 창출과 합리주의의 활성화를 고려할 때) 유럽은 오히려 세속적이지 않은가? 유럽의 정체성을 정의하는 데 성공하지 못했으므로 '전문'은 작성되지 않았다. 결과적으로 신념은 무너졌고 의지는 흐트러졌으며 동력은 약화되었다. 유럽 헌법에 대한 투표는 이루어지지 않았다. 유럽은 이로부터 일어서지 못했다. 그런데 유럽을 **이루는 것**은 당연히 유럽이 기독교적인 **동시에** 세속적(그리고 또다른 것)이라는 점이다. 즉 유럽은 기독교와 세속 간의 **간극 속에서** 발전했다. 이성과 종교 사이의, 신앙과 계몽 사이의 큰 간극 속에서 발전한 것이다. 유럽은 둘 **사이**, 즉 타협이나 단순한 중간이 아니라 서로를 활기 있게 하는 둘 사이의 긴장관계인 '사이'에서 발전한 것이다. 이로부터 신앙의 요청은 이성의 요청과의 간극을 통해 예리해지고, 반대로 이성의 요청은 신앙의 요청과의 간극을 통해 (파스칼 같은 동일한 정신에서도) 예리해진다. 이로부터 유럽을 만들거나 더 정확히는 '유럽을 이루는' 풍부함이나 **자원**이 비롯되는 것이다. 이 점에 대해서 유럽문화의 모든 정의, 유럽

16 클로비스(Clovis, 466?~511)는 프랑크왕국의 초대 왕이다. 가톨릭 중심으로 종교적 통일성을 구현한 프랑스 왕으로 유명하다.

의 자기동일성과 관련된 모든 접근은 끔찍할 만큼 환원적이고 태만하다. 그러나 그것은 또한 퇴색시키고 실망시키며 마비시키는 것이다.

5. 우리는 문화의 자원을 옹호한다

나는 프랑스의 문화적 정체성이든 유럽의 문화적 정체성이든 간에 마치 문화적 정체성을 차이를 통해 정의하거나 그 본질 속에 고정할 수 있는 것처럼, 또는 문화를 귀속의 관점에서 취급할 수 있는 것처럼 문화적 정체성을 옹호하지 않는다. 마치 내가 '나의' 문화를 소유할 수 있는 것처럼 말이다. 그러나 나는 프랑스와 유럽에서 창조적인 간극들을 통해 전개된 바대로의 프랑스와 유럽의 문화적 생산력을 옹호한다. 내가 이런 문화적 생산력을 옹호하는 것은 나의 교육을 위해 그것에 빚지고 있고, 결과적으로 그것의 전개와 전파 모두에 책임이 있기 때문이다. 하지만 나는 프랑스와 유럽의 문화적 생산력을 소유하지는 못할 것이다. 이런 자원이나 생산력에 주의를 가장 기울이는 이들은 흔히 외국인들이며, 이들은 '토착민'이라고 일컬어지는 많은 프랑스인보다 프랑스어의 자원과 그 교정에 대체로 더 많이 마음을 쓴다는 점을 확인할 수 있지 않는가? 그러나 니체가 간파했듯이 한 문화는 항상 특정 상황과 특정 환경에서 생겨나고 발전한다는 것 또한 사실이다. 문화는 항상 지엽적으로 근거리와 상황에서 출현한다. 문화는 특정 언어와 특정 분위기 안에서 출현하는 것이다. 특정 분위기는 지각구조의 안정성을 형성하기 때문이다. 또한 문화가 지엽적으로 출현한다고 말하기보다 **초점적으로** 출현한다고 더 정확히 말할 수 있다. 문화는 항상 특정한 '초점'처럼 전개된다. 따라서 문화는 개별적인 것을 통해서 전개된다. 오직 개별적인 것만이 창조적이기 때문이다. 문화의 전개는 상황적이다. 메디치 가문의 피렌체, 19세기 말 유대인들의 비엔나, 3세기에서 4세기의 위나라나 진나라 문사들의 궁정, 8세기에서 10세기 아바스왕조의 바그다드, '철학'이 아랍어로 **팔사파**(falsafa)로 불렸던 곳이자 그 시절인 12세기의 계몽된 안달루시아가 바로 그런 상황들이다. 그러나 이런 자원들은 추후 모든 사람이 사용 가능한 것들이다. 이 점은 나중에 다시 다루도록 하겠다.

오늘날 나는 이런 자원들이 위협받는 만큼 더더욱 이 자원들을 옹호한다. 따라서 저항이 필요하며, 저항은 내가 이미 제시한 두 전선에서 이루어져야 한다. 하나는 단형이 보편의 외관 또는 가장(假裝)의 역할을 하는 전선이고, 다른 하나는 공통이 더이상 보편에 의해 지원되지 않고 그 대립물('집단주의')로 뒤바뀌는 전선이다. 실제로 한쪽에서는 문화의 빈약한 퇴화, 지구적인 상업적 단형화가 낳은 문화의 굴종적 범용화에 맞서 저항해야 한다. 왜냐하면 이 경우 '세계를 이루는' 것은 시장이 될 것이기 때문이다. 수북이 쌓인 똑같은 『해리 포터』 책이 전 세계 곳곳에서 동시에 출간되어 젊은층의 상상력을 똑같은 형태로 구조화한다. 이는 점점 더 동일한 **글로비시**(globish)[17] 안에서 이루어진다. 이런 저항은 무엇보다 언어의 저항이기도 하다. 왜냐하면 우리가 동일한 관용어만을 사용하고 언어 간의 풍요로운 간극이 상실된다면 언어는 더이상 서로가 서로를 반영할 수 없게 되기 때문이다. 즉 이 경우 언어는 그들의 **자원**을 서로 지각하지 못하게 할 것이다. 머지않아 우리는 사유의 상투적 표현에 불과한 것을 보편으로 간주할 수 있는 표준화된 동일한 개념들 속에서만 사유할 수 있게 될지도 모른다. 실제로 '바벨탑'이야말로 사유의 기회인 것이다. 즉 소통의 더욱 큰 편리함이라는 명목 아래 우리는 먼저 언어 속에 있는, 즉 언어들의 다양성과 그것들 간의 창조적 간극 속에 있는 사유의 자원들을 소리 없는 변화를 통해 박탈당하도록 스스로 방치하게 될 것이다. 우리는 더이상 번역하지 않게 될 것이다. 우리는 언어 각각의 가능성이 다른 언어로 실험되고 발견되는 언어들 간의 극히 풍요로운 이 **사이**에서 스스로를 유지하지 못하게 될 것이다. 번역자가 한 언어를 다른 언어에서 출발해 다시 가동시키고 그 언어를 자신의 순응주의에서 벗어나

---

17 글로비시는 비영어권 사람들이 쉽고 효과적으로 의사소통할 수 있게 만든 영어이다.

게 하여 자신의 역량을 발휘하도록 자극할 수 있는 그 사이 말이다. 지구의 자연자원 및 '생물의 다양성'이 고갈되어가는 것을 그토록 불안해할 때 왜 문화자원의 고갈은 똑같이 걱정하지 않는가?

다른 한편으로 우리는 국가, 대륙, 세계 등 공통의 규모에 관계없이 우리가 집단주의라는 공통의 이면으로 기울 때 공통에 초래되는 위협에 저항해야 한다. 왜냐하면 일정한 문턱을 넘어서고 공동체로의 통합이 더이상 이루어지지 않을 경우 공통을 이루는 공유는 그 대립물로 변하면서 해체된다는 것을 우리는 늘 확인하기 때문이다. 즉 공통은 파벌성과 자기동일적 폐쇄성으로, 나아가 공격적인 양상을 나타낼 때는 배척과 파괴의 의지로 전환된다. 그런데 이 두 측면은 서로 연결되어 있다는 것을 우리는 이해할 수 있다. 자기동일성의 요청은 세계의 단형화에 의해 그리고 이 단형화 절차에 대해 우리가 그것이 경제적이고 재정적이라는 것을 알고 있듯이 단형화의 거짓 보편에 의해 산출된 억압의 표현이다. 그래서 통합의 결여는 원리주의(intégrisme)로 전환된다. 프랑스에서 이런 점은 이슬람주의와 함께 폭력적 방식으로 확인할 수 있다. 한 국가(프랑스뿐 아니라 다른 모든 국가)에서 공유된 그리고 그 국가를 이루는 문화적 공통은 부서질 때까지 점점 더 분열된다. 이런 문화적 공통을 조직적으로 옹호하지 않는다면 아마도 그리 머지않아 신념 체계에 대한 불안으로 학교에서 몰리에르나 파스칼을 더

이상 공부할 수 없는 날이 올 것이다. 또한 기초적 차원에서는 고전 프랑스어를 포함한 프랑스어 같은 공통어의 지식도 더이상 충분하지 않게 될 것이다. 그렇다면 '옹호한다'는 것은 무엇을 말하는가? 자원을 옹호한다는 것은 이 '옹호하다'라는 말을 단지 불안과 방어의 양상으로 이해하는 것이라기보다는 무엇보다도 그 자원을 **가동하는 것**을 의미한다. 왜냐하면 우선 프랑스어의 지식을 모든 프랑스인의 기초적이고 공통적인 자원으로 또는 몰리에르(또는 랭보)의 독서를 공유된 지성의 자원으로 발전시킴으로써, 즉 그런 독서를 가동함으로써 프랑스의 문화적 공통을 실질적으로 전개하게 될 것이기 때문이다. 그리고 이런 전개는 극히 공상적인 정체성에 집착하기보다는 프랑스의 문화적 공통의 자원의 다양성에서 이루어진다. 당연히 이는 전 세계 다른 모든 나라에도 해당된다.

실제로 이 '자원'이라는 개념과 분리 불가능한 복수성에 대해 주의를 집중해야 한다. 프랑스나 유럽의 문화적 정체성은 없으며, 다만 (프랑스나 유럽의 그리고 마찬가지로 다른 문화의) 자원이 있다. 한 정체성은 정의되고 자원은 목록화된다. 자원은 탐사되고 활용되며 이것을 나는 **가동한다**라고 부른다. 따라서 보편의 요청은 (우리가 알고 있듯이 비록 보편의 사유가 보편적이지 않고 개별적이라고 해도) 자원이며, 이는 '조정적' 능력이라고 하는 보편의 능력에 의한 것이다. 이 보편의 능력은 공통이 항상 다시 스스로를 닫고 격리하려는 유혹에 빠짐에도 불구하고 공통을 역사 속에 무한정 활성화하고 열린 채 유지하는 것을 말한다. 실제로 자원의 고유한 점은 그것이 지닌 **활성화** 능력이다. 내가 보기에 보편과 상관관계에 있는 다른 유럽적 자원을 가장 포괄적으로 나타낸 것은 주체의 활성화이다. 이는 개인(그리고 개인의 **자아**의 편협함에 갇힌 개인주의)의 활성화가 아니라 '나'로서의 **주체**의 활성화이다. '나'는 자신을 표명함으로써 세계 안에 자신의 결정권을 포함시키고 이 세계가 막히지 않도록 뚫고 들어가는 기획을 투사한다. 그래서 '나'를 한 세계 안에 갇히지 않고 '밖에서 유지하도록' 하며, 그야말로 '바깥에 서도록(ex-ister)'[18] 하는 기획 말이다. 이는 (항상 해방시켜야 하는 것으로서) 주체의 자유라는 자원에서 정치적으로 표현되는 것이다. 비록 민주주의는 자유의 체제를 찾는 데 늘 고통을 겪지만 이 자원으로부터 자신의 근거와 합법성을 도출해낸다. 왜냐하면 민주주의는 우선적으로 타자를 주체로 간주하면서, 즉 **주체의**

18 줄리앙은 '실존(existence)'의 의미를 '바깥에 서기(ex-ister)'라는 어원에 의거해 자주 강조한다. 뒤에서 관련 설명을 제시하겠지만 이와 같은 실존 개념은 줄리앙이 최근 들어 본격적으로 전개하기 시작한 '탈착(désadhérence)'과 연결될 수 있다. 탈착은 '바깥에 서기'라는 어원의 실존 개념의 기초가 되는 것으로서 세계 내에 흡착(adhérence)된 상태에서 벗어남을 뜻한다. 흡착이 '생명 유지에 필수적인(vital)' 차원의 삶을 나타낸다면, 탈착은 '그와 같은 차원에서 의식을 분리시킴으로써 의식을 표면에 올리는 능력'이다. 우리는 탈착을 통해 주체로서 등장하고 '바깥에 서기' 시작하는 것이다. 의식은 생명 유지에 필수적인 차원에 흡착된 조건에 맞서는 힘이고 이로부터 자유가 도출된다. 이와 같은 탈착 능력을 통해 실존은 삶의 새로운 가능성들의 광대한 영역으로 진입하게 되는 것이다. 실존은 세계에 속하면서도 끊임없이 세계 바깥으로 나아가려는 운동이다.

공동체를 활성화하면서 이루어지기 때문이다. 그렇기 때문에 그리스인들 이후로 민주주의의 커다란 동력은 타자를 영향 아래 두기를 원하거나 폭력에 의거하기보다는 결정권과 자유의 주체로서의, 따라서 자신과 그 자체로 동등한 주체로서의 타자에게 전해지는 말을 통해 타자를 설득(peithein)하는 능력이다. 그 이유는 플라톤이 이미 알고 있었듯이 설득만이 난폭한 힘의 대안이 될 수 있기 때문이다.

따라서 유럽을 정의하는 것이 아니라 유럽을 **이루는** 유산과 정합성의 장(場), 항상 발굴하고 일구어야 하는 장을 드러내고자 한다면 우리는 주요 유럽어에 공통된 의미 체제를 갖춘 모든 용어에 관심을 가지기 시작할 수 있을 것이다. 회화에서 탄생한 '풍경(paysage)'은 유럽의 단어이다(파에사지오paesaggio, 파이사헤paisaje뿐만 아니라 랜드 샤프트Land-schaft, 랜드스케이프landscape 등. 러시아어도 마찬가지이다). 이 단어는 '지방'을 '풍경'으로 활성화하는데, 이 점에서 풍경 또한 **자원**이 된다. 다른 훌륭한 풍경 문화인 중국은 '산수(山水)', 즉 높음과 낮음(또는 부동과 유동, 형태가 있는 것과 없는 것 등)의 상관성을 이야기함으로써 주요 유럽어에 공통된 의미 체제에 대해 간극을 연다. 이처럼 중국은 다른 자원을 제안한다. 이 자원 역시 일관성 있고 강력하지만 유럽 내부에서는 생각하지 않았거나 단지 상상조차 하지 못했기 때문에 우리가 '풍경'이라고 부르는 것에 대한 사유로 진입하기 위한 다른 측면을 제공한다. 또한 '이상(理想)'은 유럽의 모든 언어에서 발견되는 단어이다(인도유럽어가 아닌 헝가리어에서도 마찬가지일 것이다). 그런데 이 단어는 다음과 같은 본질적인 자원을 말한다. 즉 우리는 (추상적인) 관념적 표상을 산출하고 그것을 우리의 갈망(플라톤에서 형상-모델eidos에 연결된 욕망erôs)의 대상으로 만들어 '이상'으로서 활성화할 수 있다. 이 같은 이상의 자원은 사명으로 주창됨으로써 유럽의 발전을 이끌었고, 이는 예술과 정치에서 혁명의 이념에까지 이를 정도였다.[19] 그런데 오늘날 이상의 자원은 고갈되었는가? 여하튼 중국과 같은 언어-사유는 관념성의 이런 차원을 별도로 분리해 놓지 않았다는 것을 알 수 있다. 현대 중국어의 신조어 '이상'은 단지 유럽의 구도를 차용함으로써 새로운 의미를 덧붙여 말할 뿐이다. 실제로 문화적 자원, 무엇보다 언어의 자원은 서로 차용하고 서로 수입하는 것이지 귀속되는 것이 아니기 때문이다.

따라서 문화가 '자기' 문화로 정립되지 않는 이상 또는 정확히 이 소유사(所有詞)의 보유자가 적응(학습)의 보유자이지 (공유를 배제하는) 소유의 보유자가 아닌 이상 주체와 문화의 관계

19 줄리앙은 플라톤의 '본질들의 장소', '신적인 저편', '진리의 초원' 등과 같은 '다른 곳'의 위상이 '다른 세계'의 속성보다 '이상' 또는 '관념성'의 기능과 관련 있다는 점을 강조한다. 즉 "세계에 굴복하고 그 안에서 만족하기보다는 이와 같은 이론적·이상적 외부 세계를 통해 세계를 문제삼고 개선할 가능성을 세계 한가운데에서 열어놓는 것"이 플라톤 사유의 진정한 의미라는 것이다. 다시 말하면 이상은 현실에서 생겨나지만 동시에 현실을 끊임없이 긴장 속에 놓이게 하고 더 앞으로 나아가게 한다.

를 다시 사유해야 할 것이다. 왜냐하면 문화적 정체성의 관념에 은밀하지만 부당하게 기반을 깔아준 것은 내가 생각하기에 다음과 같은 모호함에 기인한다. 즉 남용을 통해 가정된 이 문화적 정체성을 동일화의 (심리적) 원리와 혼동하게 된 사실에 기인하는 것이다. 바로 이런 혼합을 토대로 문화적 정체성이 번성한 것은 아닌가? 그런데 정체성은 **개별적**이고 **주체적**인 것으로 정당화되는 것이지 문화의 경우처럼 **집단적**이고 **객체적**인 것으로 정당화되는 것이 아니다. 바로 여기에 남용이 있다. 따라서 동일화가 주체의 형성 과정에서 그 합법성을 발견한다면 (아이는 예를 들면 아버지와 자신을 동일시하면서 성장한다. 물론 반대 감정이 양립한 가운데 그렇게 하지만 말이다) 문화는 사정이 좀 다르다. 한편으로 집단적 창조로서의 문화는 간극을 통해 끊임없이 다양화되고 이질화되기 때문에 (아버지와 같은) 어떤 개별적인 인물상으로 환원되지 않으며, 나아가 동화와 집중[20]의 대상으로 사용될 수 있는 어떤 단일한 특징으로도 환원되지 않는다. 다른 한편으로 주체와 문화의 관계는 학습과 습득에 속하는 것이지 자기 정당화에 속하는 것이 아니며, 따라서 문화는 주체가 인정을 받기 위해 추구하는 자기 자아의 이미지를 구성하는 데 사용되어서는 안 된다. 만약 혹시 이런 일이 발

20 정신분석학에서 '리비도 집중(investissement libidinal)'은 대상에 대한 관심이 끊임없이 지속되어 정신적 에너지가 특정 사고나 행동에 축적되는 현상을 의미한다.

생한다면 이는 문화에 대한 도착적 사용이다(이런 도착으로부터 나치주의가 비롯되었다). 왜냐하면 반대로 자원으로서의 문화는 우선은 의식이 비롯되는 **탈착**의 능력인 주체의 **실존적** 능력을 활성화하는 것을 목표로 하기 때문이다. 정확히 말해서 주체를 한 세계 안으로의 동화에서 빠져나오게 하듯이 자기 자아의 울타리를 넘어서도록, 결과적으로 자유를 얻기 위해 이런 울타리와 동화에 대한 종속의 '바깥으로(ex)' 나오도록 이끎으로써 주체를 활성화하는 것을 목표로 하기 때문이다. 이런 자유가 바로 내가 엄밀히 말해서 '실존'이라고 명명하는 것이다.

그 대신 이에 대한 귀결은 주체가 이처럼 자신을 주체로 활성화하게 해주는 문화적 자원에 대해 책임이 있다는 것이다. 그 이유는 모든 자원과 마찬가지로 문화적 자원도 방기될 수 있기 때문이다. 우리는 문화적 자원을 소실할 수도 있고 소홀히 할 수도 있으며 더이상 **관리**(管理)하지 않을 수도 있다. 문화적 자원은 황무지로 되돌아가게 된다. 그 증거로 프랑스에서 최근까지도 보인 '우아함'은 완전히 소실된 것인가? 텔레비전 쇼들을 보면 프랑스의 우아함은 거의 유지되지 않고 있다……. 또한 우리는 언어의 자원을 상속자가 없는 상태로 내버려둘 수도 있다. 내가 이야기했듯이 자원은 활성화될 때 비로소 현존한다. 더이상 접속법을 사용하지 않는 것은 관념적 차원을 사실적 차원과 분리하고, 주체와 현실(어떤 '현실'?)의 관계를 선택하는 양상들에서 더 잘 식별할 수 있게 해주는 자원을 잃는 것이다.[21] 또한 모든 대학 입학자격 시험에서 찬성과 반대 의견을 고찰하는 법을 배우고 질문을 구성하게 하는 철학 논문은 시민성에 대한 실효적이고 평등한 접근을 위한 중대한 자원이다. 우리는 이 자원이 위협받을 때마다 모종의 '문화적 예외'라는 명목으로서가 아니라 자원의 효율성 관점에서 요구 사항을 되살려야 한다. 그리고 최근 프랑스에서 라틴어와 그리스어도 정부 당국의 결정에 의해 최후의 일격을 당했다. 이전에 라틴어와 그리스어가 부르주아 이데올로기 및 그 계급 엘리트주의(고급 고등학교)와 타협되어 섞였다고 하더라도 이 때문에 라틴어와 그리스어가 지닌 육성 능력이 의문시되는 것은 아니다. 즉 언어의 더 나은 숙련을 돕는 동시에 (교외지역에서의 교육 경험이 입증해주듯이) 주체들의 지적 지평을 넓혀주는 육성 능력 말이다. 프랑스에서 라틴어와 그리스어의 교육을 포기했다면 이는 거짓 현대주의와 거짓 민주주의, 다시 말해서 우민정치와 역사적 태만에 의한 것일 뿐이다. 라틴어와 그리스어를 다시 가르

---

21 접속법(Le subjoctif)은 프랑스어의 문법체계 중 하나이다. 현실을 주관적으로 나타내는 방식이다. 예를 들어 Il faut que je parle le français라는 문장에서 'Il faut que'라는 접속 구문과 동사 변형된 parler가 합쳐져 접속법을 이루는데, 단순하게 '나는 프랑스어를 말해야 한다'라고 말하기보다는 '나는 프랑스어를 말할 필요가 있다' 정도로 표현함으로써 의미에 미묘한 변형을 가할 수 있다. 접속법에서 동사 변형이 복잡해지기 때문에 현대 프랑스어에서는 사용 빈도가 점점 낮아지고 있다. 줄리앙이 "어떤 현실?"이라고 괄호 속에 의문을 남긴 것은 주체가 처한 현실 또는 실재를 그 자체로 고정시킬 수 있는지에 대해 근본적인 질문을 던지려는 차원이다. 이와 관련해 접속법의 사용은 프랑스어의 자원을 활성화하는 방식 중 하나가 될 것이다.

쳐야 한다.

이런 사안들이 사소하다고 생각될지도 모른다. 접속법, 철학 수업, 라틴어는 현재의 위험과 어떤 공통적인 척도, 즉 오늘날 프랑스 같은 나라가 직면하고 있는 원리주의의 위협과 어떤 관련이 있는가? 그러나 '작은' 자원이란 사실상 없다. 자원의 고유한 점은 지엽적(초점적)으로 그리고 강압적이지 않은 방식으로 드러나는 데 있다. 그러나 바로 이 때문에 자원의 고유한 점은 가장 기본적인 차원의 경험으로 쓰임으로써 직접적으로 접근되고 **사용 가능하다**는 데 있는 것이다. 자원은 내걸고 휘두르는 것이 아니다. 자원은 구호로 이끄는 대상이 아니다. 이런 점에서 자원은 '가치'와 구분된다. 가치는 전체적인 것으로 여겨지므로 그것이 도대체 무엇에 의거하는지를 항상 자문하게 되는 찬동을 요구한다. 즉 이런 찬동은 항상 어느 정도 자의적이고 상대적이지 않은지, 그리고 더 은밀하고 더 비밀스러우며 그 근저가 다소 불분명한, 여하튼 정당화하기 쉽지 않은 모종의 밀착에 기인한 것은 아닌지 자문하게 되는 것이다. 이 점에서 가치는 내가 바로 앞에서 규탄한 문화적 정체성 규정으로 다시 기울어지게 할 위험의 소지가 있다. 반면 자원은 이데올로기적이지 않다(즉 '체계'로 구축되지 않는다). 자원은 오직 그 효력에 따라 그리고 그것으로부터 취할 수 있는 활용성에 따라 헤아려질 뿐이다. 자원의 타당성은 거창한 진리가 없는 가운데 그 자체로 입증된다(자원의 타당성이 **자기 기준**index sui이다).[22] 자원은 '설교하는 것'이 아니다. 자원은 전도해야 할 것이 아니며, 이는 회심 또는 적어도 동의를 요청하는 가치와 다른 점이다. 나아가 가치는 서로 상충하며 심지어 배타적이다. 내가 '기독교적 가치'에 천착한다면 무신론적 가치에 천착하기란 어려운 일일 것이다. 아니면 타협을 해야 할 것이다. 그런데 자원은 서로 배타적이지 않다. 나는 어떤 가치와 마찬가지로 다른 가치를 유익하게 이용할 수 있다. 자원은 서로 첨가되며 서로 한정되지 않는다. 바로 이런 점에서 나는 수십 년간 중국 사유의 자원을 활용하고 있으며 이를 멈추지 않고 있다. 내가 이야기했듯이 자원은 귀속되는 것이 아니라 각자가 **사용 가능한** 것이다. 자원은 그것을 활용하는 데 노력을 기울이는 이의 것이다.

그렇기 때문에 자원은 (프랑스의 '문화 자산'을 이야기하듯이) 단지 **자산**이 아니다. 자산은 소유하는 것이고, 앞에서 이야기했듯이 자원은 귀속되지 않고 자유로이 쓸 수 있는 것이다. 왜냐하면 자원은 '재산'이 아니기 때문이다. 재산은 자원이 생산력으로서 내포한 것에 비춰볼 때 너무 수동적으로 보유하는 것이다. 또한 자원의 '풍요로움'은 이미 획득한 것으로 환원되지 않으며 잠재적이고 무한정한 것의 한 부분을 간직한다고 말할 수 있다. 그렇기 때문에 자원은 엄밀히 말해 전승되는 것이

22 스피노자의 표현을 차용하고 있다. 스피노자에 따르면 참의 기준은 참 그 자체이다.

아니다. 우리가 교육의 요청으로 삼고 세대들을 서로 연결하는 책임감으로 삼는 '전승'은 충분하지 않다. 우리가 자산을 물려주는 것은 소유한 '재산'이 그렇듯이 자산은 즉각적으로 한정되어 있기 때문이다. 그러나 자원은 그것이 자원인 한(즉 그것이 자원이고 활용되는 동안) 고갈될 수 없는 것이다. 결과적으로 자원은 수취자와 계승자로부터 단지 수용(획득과 보존)을 요청하지 않는다. 오히려 자원은 그것에 관심을 갖는 모든 이의 새로운 투자를 요청하며, 동시에 이런 투자는 자원의 새로운 미래를 열어젖히며 자원에서 수확을 걷을 수 있도록 할 수 있다. 계속 발견해야 할 미래가 열리는 것이다.

그렇기 때문에 나는 또한 그토록 자주 원용된 기독교적 '뿌리'보다는 기독교적 **자원**에 대해 이야기하고자 한다. 실제로 뿌리의 이미지는 문화적인 것을 자연적인 것에 대한 용어들로 처리하는 모든 일처럼 의심스럽다. '뿌리'는 우리를 역사적 표상으로부터 벗어나게 한다. 결과적으로 '뿌리'는 기독교가 역사에서 지배적 이데올로기 역할을 한 이후부터, 즉 기독교가 국교로 건립된 이후부터 기독교가 역사 속에서 어떻게 타협했는지를 잊게 만든다. 이때 프랑스는 교리적·정치적으로 통합되어 그 어떤 간극도 용납하지 않는 '완전한 가톨릭 프랑스'('하나의 왕, 하나의 법, 하나의 신앙')였다. 비기독교인은 '기독교적 뿌리' 또는 '기독교적 가치'를 가지고 무엇을 해야 하는가? 이와 반대로 기독교에 발굴하고 활용해야 할 자원이 있다는 사실은 내가 보기에 기초적인 확인이다. 신의 '현존'과 관련된 신의 문제는 제쳐두고(이제 이 문제는 끝난 것이 아닌가?) 신자-비신자의 분리 밖에서, 따라서 신앙과 무신론의 양자택일 밖에서 기독교에 접근함으로써 기독교가 인간적인 것에 대해 **활성화한** 것이 무엇인지를 기독교에서 고찰해볼 중요한 시기이다. 그렇다고 해서 기독교를 (포이어바흐의 방식대로) 그 '인간학적' 내용에 지나지 않을 것으로 너무 쉽게 환원하자는 것이 아니다.[23] 오히려 이는 기독교를 **주체의 실존적 활성화**에 기여하는 자원으로 고찰하는 것이다. 즉 기독교가 어떻게 ('사랑'을 통해) 율법의 초월을, 마찬가지로 (십자가의 '광기'와 같은) 이성의 전복을 활용하는 위험을 무릅씀으로써 실존을 긴장 속에 몰아넣는 역설적 논리를 드러내는지를 고찰하는 것이다. 그뿐만 아니라 기독교가 어떻게 주체의 주체성을 무한으로 열어놓는 주체의 내밀한 심급(審級)으로서 '의식'을 전개했는지, 또는 기독교가 어떻게 삶에, 그리스인들의 방식으로 '좋은' 삶, 즉 '윤리적'으로 규정된 삶에 관계하는 것이 아니라 '삶'으로서의 삶, 다시 말해서 생생한 삶(이 점에서 '영원하다'고 규정된 삶)에 관계하도록 이끌었는지를 고찰

23 포이어바흐(Feuerbach)는 기독교에 대한 해석학적 독법을 전개한다. 그의 비판은 기독교가 외형적으로 신을 이야기하는 곳에서 실제로는 인간을 이야기한다는 것을 제시하는 데 있다. 종교적 환상을 멈추게 하려면 인간에게 속한 것, 즉 신 개념에 의해 소외된 것을 인간에게 귀속시켜야 한다. 따라서 포이어바흐의 인간주의는 종교적 담론의 풍부함을 다시 취하고, 단지 그 적용 대상을 바꾸는 데 있다. 그의 무신론은 뒤집힌 유신론일 뿐이다.

하는 것이다. 이 점에서 기독교는 유대교와의 **간극**을 벌리며 유대교에 새로운 가능성을 나타나게 한다. 그러나 이런 새로운 가능성은 어떤 점에서도 유대교의 역사를 무효화하거나 폐쇄하지 않는다. 오히려 유대교는 이런 새로운 가능성과의 **긴장**을 통해 유지된다. 자원은 서로가 서로를 높여주며 서로 배척하지 않는다.

6. 간극에서 공통으로

문화적 **간극**은 공상적인 정체성으로 집착하듯 후퇴한 '작은 차이들에 대한 자기도취'의 대척점에서 새로운 가능성을 열어놓고 다른 자원을 발견하는 전개를 말한다. 문화적 간극은 문화를 자기 전통의 구습에서 벗어나게 하고, 사유는 자기 독단, 즉 자기 관례 유지의 안락에서 벗어나게 하며 정신을 다시 모험으로 이끈다. 오늘날 우리가 시장의 법칙에 끌려가면서 같은 것을 찍어내는 세계적 단형화 아래에서 문화적 차이가 희석되고 희미해지며 이에 따라 세계 문화가 단지 무한정한 복사물에 불과한 것으로 환원됨을 확인한다면, 이에 저항하기 위해 우리는 주저 없이 새로운 간극을 벌려야 한다. 철학뿐 아니라 예술과 정치가 위험을 무릅쓰는 간극을 벌려야 하는 것이다. 이는 허구적이거나 투영되고 이상향처럼 예언된 방식이 아니다. 왜냐하면 간극은 그것이 벌어진 만큼, 그것이 벌어진 곳에서 그리고 벌어진 동안 그 즉시 실효적이기 때문이다. 파르

메니데스가 이미 제시했듯이 철학한다는 것은 진정 **간극을 벌리는 것**이다. 철학한다는 것은 의견으로 익숙해진 길에서 빠져나오고 인정된 것과 합의된 것에 거리를 두며 사유를 다시 가동하는 것, 즉 새롭게 사유에 균열을 내는 것이다. 우리에게 흥미로운 것은 아리스토텔레스의 사유가 플라톤의 사유와 어떤 점에서 다른가 하는 것이 아니다. 왜냐하면 이는 이 사유 각각을 (플라톤주의 또는 아리스토텔레스주의 같은) 체계 속의 고정된 것 안에 그리고 그 벽감(壁龕)[24] 안에 정돈하도록 이끌기 때문이다. 그러나 중요하고 의미 있는 것은 어떤 점에서 아리스토텔레스가 플라톤을 맞대면하며 간극을 벌리는가 하는 사실이다. 즉 어떤 점에서 아리스토텔레스가 사유를 막는 것과 맞대면하며 분란의 돌파를 시도하는가, 다시 말해서 사유되지 않은 것을 향해 새로운 접근로를 여는가 하는 점이다. 이로부터 아리스토텔레스의 사유는 플라톤의 사유를 플라톤주의라는 편의성과 상투성에 함몰되도록 두는 대신 다시 긴장하게 만들고, 거리가 생긴 자신의 관점에서 새롭게 나타나도록 하며 더 돌출되게 한다. 이로부터 두 사유가 대화할 수 있는 둘 간의 **사이**가 열리는 것이다. 플라톤 이후로 플라톤에 대해 더 많은 간극이 벌어질수록 플라톤의 사유는 더욱 풍부한 자원이 되고 더욱 활성화된다. 요컨대 철학 도서관이라는 것은 사유를 다시

24 부조 같은 것을 넣어두기 위해 벽에 움푹하게 파놓은 부분을 말한다.

긴장하게 만듦으로써 사유 가능한 것을 무한정 펼치고 전개하는 많은 간극의 나열이 아니면 무엇이겠는가?

이처럼 **간극**의 개념은 기원을 있는 그대로 사유할 수 있게 한다. 즉 고정되지 않고 진화하는 양상에서 그리고 그것에 신화적 위상을 부여하지 않은 채 기원 그 자체에 접근할 수 있게 하는 것이다. 간극은 하늘에서 뚝 떨어진 것 같은 그리고 ('인간', '인간 본성' 또는 '공통 근거'와 같이) 우리가 정당화할 줄 모르는 안정적이고 결정적으로 구성된 공통된 종류를 정립하도록 이끄는 대신에, 즉 (차이가 그러하듯이) 그것으로부터 문화적 다양성이 뒤이어 전개되는 단일하고 자기동일적인 종류를 정립하도록 이끄는 대신 즉각적으로 우리를 변화 속에, 발생과 시작의 한가운데에 위치시킨다. 간극은 (본질을 고정하는) 형이상학적 개념이 아니라 (출현을 추적하는) 역사적 개념이다. 차이는 결과적이고 따라서 정적(靜的)이다. 간극은 그 약동으로 인해 역동적이다. 즉 **간극**은 우리가 그것이 어디에서 오는지 또 그것이 무엇인지도 모르는 '인간 본성'을 곧바로 정립하게 하는 대신 어떻게 **인간 생성**의 활성화가 이루어졌는지를 밝힌다. 그리고 이를 밝히는 일은 인간에 선행하는 '인간화된' 형태들('오스트랄로피테쿠스', '파란트로푸스' 등)에 대해 이미 거리를 둚으로써 그리고 단계적인 간극을 통해 이루어진다. '인간'은 **간극을 통해 출현**했고 간극을 통해 **바깥에 서기** 시작했다. 인간의 생성을 그 발전으로 이끈 이탈이 점차 발생한 것은 바로 '선택적 진화', 다시 말해서 이전의 적응에서 탈피하면서부터이다. 또한 고생물 학자들이 인간의 생성이 여기저기서 나타남을 발견하는 것도 역시 서로 간극이 벌어진 장소에서이다. 내가 단일하고 자기동일적인 그러나 그 정의에서 극히 이데올로기적인 '인간 본성'을 출발 조건으로 정립하지 않는다면 나는 또한 그 자체의 '자연'과 '문화'를 매우 추상적으로, 즉 자의적으로 구분된 것처럼 분리할 필요가 없다. 그러나 나는 문화의 다양성을 인간적인 것의 자기 전개로 간주하는데, 여기서 인간적인 것은 그것을 종적으로 출현하게 한 간극을 이어가고 주체에 의해 **실존적으로** 열린 각각의 개별적 간극에 의해 계속 가동되고 전개되는 것이다.[25]

인간적인 것의 이런 자기 전개를 생각하려면 간극이 의미하는 바를 다시 이해할 필요가 있다. '간극'은 영어로 '틈(gap)'으로 번역된다. 그러나 간극은 틈의 반대를 뜻한다. '틈'은 분리하는 단절을 의미한다. 간극은 벌어지고 마주보게 하는 거리를 말하며, 분리된 것을 긴장시켜 서로 바라보도록 이끄는 **사이**를 나타나게 한다. 사람들이 이런 대립을 헤아리지 않았기 때문에 이로부터 최근 몇 년 동안 나의 작업에 대한 총체적인 오해, 더 정확히는 우스꽝스러운 오해가 생겨났다. 이는 내가 작

---

25 줄리앙은 '인간'이나 '인간 본성' 같은 실체화된 명사형보다 '인간적인(humain)'이라는 형용사형을 더 선호한다. '인간적인'으로 옮기는 것이 보다 정확한 번역이지만 현행 문법 체계를 고려해 '인간적인 것'으로 옮겼다.

업한 것과는 완전히 반대로 접근했기 때문이다. 내가 내 연구에서 중국과 유럽의 문화를 사유를 위한 동등한 자원으로 간주하면서 이들 사이의 언어 및 사유의 간극이 어디까지 갈 수 있는지를 탐색했다면, 내가 '등가물'이라는 가짜 외관 아래에서 언어 및 사유의 다양성에 대한 이런 기회를 놓치지 않으려 노력했고, 이것이 각각의 사유를 자신의 격세유전에서 벗어나게 하고 각각의 사유를 그 습성과 관련해 동요시키고 사유로 하여금 사유하게 하기 위함이라면 당연히 이는 중국과 유럽의 문화를 서로 격리시키고 날인해 가둬두고 본질화하기 위함이 아니다[26](다시 상기시켜야 하는지 모르겠지만 나는 중국어로 표현된 사유를 '중국 사유'라고 한다. 그리고 철학자로서 나는 중국 사유의 정합성을 그 맥락에서 분리해 추상화함으로써 그것들을 개념화할 권리를 나에게 부여한다). 이는 사람들이 정리해서 부류에 넣고 정체를 규정할 때 그렇게 할 수 있는 것처럼 유사성이나 차이를 근거로 중국과 유럽의 문화를 '비교하기' 위함도 아니다. 이는 (포착된 간극으로부터) 실행된 맞대면 속에서 이 문화들이 서로 비춰보도록 하기 위함이고, 외부로부터의 **해체**를 수행하기 위함이며, 이를 통해 우리의 사유되지 않은 것을 우회적으로 취하기 위함이다.

---

26 『장자』의 프랑스어 번역자로 유명한 스위스의 중국학 학자 장 프랑수아 빌레테(Jean François Billeter)의 비판이 주로 이런 것이었다. 이에 대해 논문집이 출간되었고, 줄리앙의 대대적인 재반박도 단행본으로 출간되었다.

반면 정체성과 짝을 이루면서 문화를 격리하고 '본질화'하는 것은 차이이다. 이것이 우리를 보편주의나 상대주의의 막다른 골목에 가두는 차이이다. 실제로 우리는 이 양자택일이 주어지면 여기서 더이상 빠져나올 수가 없다. 그 이유는 다음과 같다. 첫째, 문화적 차이를 2차적인 것으로 따라서 정체성을 1차적인 것(인간 본성이나 '공통된 근저'의 정체성)으로 제시한다고 가정해보자. 그러나 원리로 정립된 이 단일하고 자기동일적인 것은 내 고유의 문화적 관점에서 투영된 것이다. 다시 말해서 나의 자기민족중심주의의 산물일 뿐이다. 나는 즉시 내가 보편적인 것들로 간주하는 문화적 범주에서 떠나지 않은 것이다. 이것은 내가 논의를 시작하면서 비난한 **안이한 보편주의**이다. 둘째, (그렇지 않으면) 각 문화는 이른바 자기 정체성에 자리잡고 있으므로 문화적 차이를 1차적인 것으로 정립한다고 가정해보자. 이 경우 우리는 문화를 자기 세계 속에 가둘 수 있을 뿐이다. 이것이 스스로 초월하고자 하지 않는 **태만한 상대주의**의 기반인 '문화상대주의'이다. 태만한 상대주의는 거짓 보편이 뒤집힌 모습일 뿐이다. 이것이 거짓인 이유는 너무 빨리 인정되고 탐구 과정을 통해 심사숙고해 구상된 것이 아니기 때문이다. 즉 내가 이미 이야기했듯이 결코 충족되지 않고 실질적으로 공통이 전개되도록 이끄는 탐구 과정을 통해 심사숙고해 구상되지 않았기 때문이다.

각각의 항을 각각의 쪽에 격리되게 두는 차이와는 달리 간극만이 간극에 의해 분리된 것을 맞대면시키고 긴장시킴으로써 실효적으로 **공통**을 산출할 수 있다. 빈약한 공통이 아니라 능동적이고 강도 있는 공통을 산출할 수 있는 것이다. 왜냐하면 간극에 의해 열린 사이에서 각각의 항은 다른 항과 관계를 맺음으로써 자신의 충족성에서 벗어나고 자신의 오불관언(吾不關焉)한 태도의 울타리를 넘어서기 때문이다. 또한 **공통은 닮음이 아니라는 점**을 기억해야 하고, 공통을 정치적 차원에서 표현해야 한다. 통합은 동화가 아니다. 분열을 겪지 않고자 그리고 특히 이주로 인한 변동에 이어 모든 사회가 정당하게 요청하는 새 거주민들의 통합은 공유된 공통 안에서의 통합을 의미한다. 이는 언어, 역사, 세대를 이어 전개된 지성양식으로서의 문화적 준거, 예술, 삶의 형태와 같은 **자원들**의 **공통**이다. 그러나 이런 공통은 닮음으로의 환원을 통한 동화가 아니다. 그토록 자주 원용되는 것을 우리가 확인할 수 있는 전형적인 '프랑스인', 자신의 습관, 옷, 태도 등에서 표준화된 '프랑스인'이란 도대체 무엇인가? 문화의 자기동일적 본질이 없다면 평균적인 통계나 상투적인 것으로서만 지속되는 판에 박은 것들의 재생산 이외에 어떤 것이 있을 수 있겠는가? **공통**은 복제와 반복으로 이루어진 것이 아니다. 공통은 범용이 아니다. 공통은 범용에서 그 **생산력**을 상실할 것이다.

실제로 (사람들이 '프랑스 사회'를 이야기할 때처럼) 한 사회를 지탱 및 활성화하고 전개하며 그 사회에 도약과 동시에 견고함을 부여하는 것은 무엇인가? 사회의 **견고함**, 즉 **함께 서 있음**은 차이와 유사성 중 **어떤 하나로** 이루어지는 것이 아니다. 또한 차이에 비해 유사성으로 더 이루어지는 것도 아니다. 차이에 의해 장식된 유사성으로 이루어지는 것도 아니고, 유사성으로 흡수되는 차이로 이루어지는 것도 아니다. 사회의 견고함은 '다수적 정체성'으로 이루어지는 것도 아니다. 다수적 정체성은 정체성을 되찾고 정체성을 더이상 단일화할 수 없는 다양성에 맞게 적응시킴으로써 조정하는 마지막 방법이다. 문제는 이 대립항들 사이에서 초점을 더 정확하게 이동하는 것, 초점을 요구된 동화의 더 **큼**과 더 **적음** 사이에서 적절하게 맞추는 것, 더 개방적이고 더 관용적인 통합과 더 폐쇄적이고 더 완강한 통합 사이에서 선택하는 것이 아니다. 왜냐하면 한 사회의 견고함은 간극의 능력과 **동시에** 공유된 공통의 능력에서 비롯되는 것이기 때문이다. 즉 사회의 견고함은 공유된 공통을 능동적이고 생산적이게 하고, 그 공통이 한 규범 속에 함몰되어 비대해지는 것을 막음으로써 그것을 쇄신으로 이끄는 간극에 의해 전개되고 작동하는 공유된 공통에서 비롯되는 것이기 때문이다. 따라서 공통과 간극의 관계는 분배, 배합, 비율의 관계가 아니라 강도와 활성화의 유일한 가능 요인인 긴장의 설정관계이다. 둘 중 어느 하나의 존재론적 우위는 없다. 그러나 하나는 다른 하나의 조건이다. 공통은 그것으로부터 간극이 전개되는 것이고, 간극은 공통을 전개하는 것이다.

오늘날 프랑스 사회가 겪고 있는 분열의 위험 앞에서 우리는 공통을 해체하는 집단주의의 부각으로 세계 곳곳의 다른 많은 사회와 마찬가지로 '함께 삶'의 조건을 사유할 필요성에 갑자기 직면하게 되었다. '함께 삶'이라는 표현은 저절로 부과되었다. 이 오래된 그리스 용어(su-zên)는 갑자기 현재성을 다시 갖게 된다. 왜냐하면 그리스인들은 도시국가가 단순한 장소의 공동체가 아니라고 가르쳤기 때문이다. 그리스인들은 도시국가는 단지 개인을 보호하고 교류를 촉진하기 위해 확립된 것이 아니라 도시국가의 목적(telos)인 **함께 살기** 위해 '숙고된 선택'에 의해 지탱된다는 점을 가르쳤다. 그런데 이 선택은 무엇으로 이루어지는가? 사람들이 권장하듯이 견해차를 줄이고 과도한 충돌 없이 공동생활을 할 수 있기 위하여 각자가 자신의 가치와 신념, 자신의 경험의 특수성을 낮추는 방식으로 관용과 타협을 통해 이루어지는가? 오히려 각자가 적극적으로 다른 이를 향하고 따라서 공통에 협업하는 방식으로, 즉 각자가 간극을 '초월'하거나 해소하고자 함이 없는 가운데 사회는 사회가 **맞대면의 관계**를 유지할 줄 아는 것들 사이의 간극을 **거쳐서** 전개되지 않겠는가? (성차라고 불리는 차이가 희석되어가지만 욕망을 나타나게 하는) 성별의 간극, (이미 가족에서) 세대와 관점의 간극, 업무와 직업, 지역과 환경의 간극 등 말이다. 파리는 이미 풍경과 구(區)의 간극으로 아름답다. 교외나 젊은층의 언어는 그것이 단지 무시나 무지에 의한 자원 축소가 아닐 경우,

간극을 사용(감행)함으로써 창조성으로 가질 수 있는 것을 통해 언어를 유익하게 그 아카데미즘에서 깨어나게(일어나게) 한다. 만일 '대화'가 아직도 의미가 있고 단지 충돌을 피하기 위해 누추한 것을 가리는 겉옷에 불과한 것이 아니라면, 간극과 맞대면으로부터 공통이 생겨나게 하는 이런 긴장 속에서 대화를 생각해야 할 것이다. 자기동일적 차이에 다시 갇히지 않고 새로운 공통이 산출되는 사이를 여는 간극들 말이다.

7. 대-화(DIA-LOGUE)

잘 알려진 '문화 간의 대화'는 여러 방식으로 상상되어왔다. 특히 사람들은 문화가 통합된 총체로 일치되고 완성되는 종합을 꿈꾸어왔다. 이는 견해차를 해소할 수 있는 행복한 합의의 꿈이며, 공통이 다양성을 흡수함으로써 압도하는 꿈이다. 사람들은 인간 경험의 축들로 구축된 '동양과 서양(East and West)' 사이의 이미지, 즉 위대한 상징적 결합을 기꺼이 투영했다. 이 문화들은 각각 자신의 경사면으로 올라가서 꼭짓점에서 서로 합치하게 될 것이다. 그러나 어떤 언어로 또는 어떤 개념적이고 구문론적인 도구에 의거해 이런 결합이 실행될 것인가? 이제 세계화되고 **글로비시**로 환원된 서구적 범주들의 한가운데에서 실행되지 않겠는가? 이 경우 서양 바깥의 다양한 문화는 서양의 이국적인 변주에 불과할 것이다. 실제로 세계화된 새로운 문화가 세계 의회에 출현하고, 세계 의회는 모든 다양한 흐름을 민주적으로 수용함으로써 대표성을 갖출 것임을 약

속한다고 하자. 그렇다고 해도 우리는 단지 이런 집합이 이루어질 위장된 단형화에서 생겨날 뿐이기 때문에 눈속임으로 보편적인 것처럼 된 무언의 문화적 틀을 문제삼지 않게 될 것이다. 그리고 종합에 대한 모든 발의와 마찬가지로 이 종합도 긴장을 해소하고 간극을 희미하게 만듦으로써 끔찍하게 진부한 것이 될 것이다. 특히 이런 종합의 공통은 인위적일 것이다. 이런 공통은 다양성을 가동하게 하지 못해 다양성이 **공통으로 활성화되도록** 하지 못할 것이다.

그렇지 않으면 근원적이기 때문에 진정한 것일지 모를 공통을 가치로 내세우기 위해 사람들은 문화 간의 **공통분모**가 무엇인지 찾아볼 것이다. 종합의 반대 항은 분석이다. 즉 사람들은 문화의 모든 다양성을 주요 요소들로 해체해 그중 서로 일치하는 것을 식별할 것이다. 이 공통이 단단하고 자기동일적인 핵심으로 제시되지 않을 경우 공통은 적어도 여러 항들 간의 '비교 가능한 관계', 상호작용이나 매개의 '유비적' 형태로 식별될 수 있을 것이다. 유네스코는 전 세계의 전체적인 윤리에 기여하기 위해 20세기 후반 몇십 년 동안 이와 같은 합의점을 규정하기 위해 많은 노력을 기울였다. 따라서 사람들은 의심의 여지없는 최소한의 요소로 전 세계의 모든 도덕 개념과 모든 종교적 전통이 '평화'를 권장했다고 이야기했다. 즉 **평화롭게 함께 사는 사람들의 비전**(A vision of peoples living peacefully together)을 권장했다고 이야기했다. 어느 누가 평화를 바라지 않겠는가? 그러나 헤겔은 어떻고, 헤라클레이토스는 어떠한가? 이들은 윤리를 포함해 부정적인 기능을 강조하기 위해 전쟁을 명시적으로 주장하지 않았는가? 문화의 다양성을 즉각적으로 공통된 최소한의 요소로 완전히 환원하는 것은 우리를 자명한 이치의 진부함으로 끌어내린다. 그뿐만 아니라 이런 '자명한 이치(truisme)'는 **자명**하지도 않고 참(true)되지도 않다. 더 의미 있는 논리는 이 자명한 이치에서 벗어났다. 문화들의 상보성은 선행하지만 생각하지 못한 채로 남아 있는 동화의 산물에 불과할 위험을 항상 무릅쓴다면, 문화 간의 일치는 각 문화에서 가장 개별적인 것을 놓치기 때문에 피상적이 될 위험이 상존한다. 문화들은 양쪽에서 간극에 대한 자의적인 흡수를 통해 각자의 창조적인 자원을 상실하게 된다.

또한 사람들은 다른 것을 더 진지하게 철학적으로 시도할 수 있었다. 즉 사물과의 일치나 의식에 부과되는 자명성의 패러다임 같은 진리의 모든 전통적 패러다임을 초월하는 이성의 궁극적 정초 속에서 인류의 **논리적** 공통을 발견하고자 시도할 수 있었다. 보다 근원적으로 '의사소통'의 공동체로서 인간들의 공동체를 찾아야 한다는 것(아펠과 하버마스가 제안한 길)은 그야말로 **합리적 담론**의 가능성의 조건이다. 언어 사용 규칙은 말하는 순간 사람들이 항상 암묵적으로 그 타당성을 인정한, 따라서 인간들이 **선험적으로** 공유하는 규칙이다. 왜냐하면 우리 자신과 마찬가지로 타자에게 **우리가 말하는 순간부터**

우리는 이 규칙을 실제로 사용하기 때문에 인간들 간의 합의(consensus)는 더이상 언술의 어떤 내용에서 비롯할 필요가 없으며, 단지 그 형식 그리고 그 자체로 보편적인 필요조건의 자격으로서 그 형식이 가정하는 것에서 비롯하면 되는 것이다. 필경 이는 그리스인들이 그 요청을 구상한 바 그대로(이미 아리스토텔레스에서 비모순율)의 유럽적 로고스(logos) 틀에 우리가 머물러 있는 한 실질적으로 유효하다. 그러나 유럽을 벗어나면 어떠한가? 장자(莊子) 같은 중국 사상가의 모든 담론 책략은 의사소통의 공통 요소로 여겨지는 논리를 그야말로 좌절시킬 수 있는 데 있지 않은가? 즉 '말하지 않으면서 말해야' 할 것이다.[27] 또는 이야기를 나누기 위해서는 말을 망각하는 사람을

27 줄리앙은 서구적 로고스와 노장사상을 전면적으로 맞대면시키는 저작 『말하지 않고 말한다면(Si parler va sans dire)』(Seuil, 2006)에서 도가 사유의 언어론을 논의한다. 도가 사유의 말은 『장자』의 '언무언(言無言)'이 나타내듯이 말을 하지 않는 것이 아니라 말을 한정된 의미에 매여 있는 것에서 해방시키는 것이다. 말은 의미의 규정에 매이지 않고 특정 대상을 지목하지도 않는다. 도가 사유의 말은 '어떤 것'을 말하는 것이 아니며 그렇다고 고집스런 침묵도 아니다. '아무 말도 하지 않고 하루종일 말할 수 있듯이' 도가 사유의 말은 "(무엇을) 말하지 않고 말하는 것"이다. 도가 사유의 말은 삶의 차원에서 값진 개념을 제공해준다. 줄리앙은 말하지 않고 말함을 '묵인(connivence)'으로 개념화한다. 묵인은 앎의 양태이지만 거리를 두고 사유하고 구성하고 건립하기보다는 사유하지 않고 일상 속에 짜인 '이해'나 '합의'의 차원이다. 합리적 인식은 자신이 등지고 있는 묵인의 이면에 의해 가능해진 밝은 면일 뿐이다. 인식은 대상 또는 어떤 본성을 떼어놓고 정립하는 추상과 매개의 작업이다. 그래서 인식은 과학/지식과 정치 차원의 조건을 촉진하는 논증된 담론을 전개한다. 그러나 이런 것이 앎의 전부가 아니며 삶의 전부는 더더욱 아니다. 묵인은 삶을 의미의 압박에서 해방시켜주며 그렇다고 해서 삶을 무의미한 것으로 여기게 하지도 않는다. 묵인이 이성을 초월한다고 해서 비합리주의나 신비주의도 아니다. 묵인의 앎은 인식

찾아야 할 것이다. 또한 선(禪)에서 화두[公案]의 전략은 갑작스러운 침입으로서 합리성의 이런 암묵적인 규약을 내적으로 파열시키는 데 있지 않은가? 그러나 이 경우 우리는 여전히 대화를 할 수 있을 것인가? 문화적 공통을 정초하는 사람들 간의 대화의 규약 자체, 합의의 모든 원리가 의문시된다면 대화는 치유 불가능하게 포기된 것이 아니겠는가?

솔직히 '대화'는 역사적으로 볼 때 그 자체가 의혹으로 얼룩져 있다. 우선 서양이 다른 문화와 '대화하기' 시작한 것은 자신의 힘을 잃었기 때문이다. 과거에 서양은 자신의 '보편적' 가치뿐 아니라 자신의 논리적 형식화를 믿었기 때문에 대화를 하지 않았다. 서양은 다른 문화에 자신의 보편주의를 강요했고, 즉 자신의 의기양양한 합리성을 통해 다른 문화를 식민화했다. 나아가 '대화' 자체는 문화들 간에 그리고 각각의 언어와 문화의 내부 자체에서도 끊임없이 발휘되는 힘의 관계를 감추는 데 사용되는 진통작용의 용어가 아니겠는가? 각각의 언어와 문화에서 지배적인 정합성은 다른 정합성을 덮고 감추니 말이다. 대화는 가짜 통합주의를 주장하지 않겠는가? 대화는 가짜 평등주의로 장식되지 않겠는가? 같은 문제가 다시 제기되는 것이겠지만 먼저 문화들 간의 대화는 어떤 언어로 이루

에 의해 그늘진 앎이지만, 우리 삶의 큰 부분을 이루는 앎이다. 묵인의 앎은 풍경에서 벗어나 그것을 대상으로 보는 앎이 아니다. 이론과 실천이 분리되지 않고 '나'와 세계가 분리되지 않은 앎이다. 이것은 모든 설명에 앞서 있는 것이고 의문을 제기하지 않는 앎이다.

어질 것인가? 만일 대화가 하나의 동일한 언어(예를 들어 세계화된 영어 또는 **글로비시**)로 이루어진다면 대화는 처음부터 편차가 생긴다. 문화들 간의 만남이 하나의 동일한 언어 영역에서, 즉 그 언어의 구문 형태와 범주 속에서 이루어지므로 다른 언어와 다른 문화는 소통을 돕는다고 여겨진 이 전제된 공통으로부터 그들의 차이를 **부차적으로** 이해시킬 수 있을 뿐이다. 이로부터 자주 반작용을 통해 자기동일성에 대한 주장이 나오는데, 이 주장은 미리 부과된 단형화에 맞선 유일한 반응인 만큼 더욱 격렬하다.

그러나 주지하다시피 대화가 없으면 '충돌' 또는 '격돌'하게 된다. 이 같은 양자택일에서 벗어날 수 있는가? 또한 대화가 노골적인 폭력을 피하기 위해 시도하는 궁여지책의 수단으로 보인다면, 어떻게 대화에 그 자격을 부여하고 대화를 사명으로 확립하는 견고함을 갖추도록 할 것인가? 대화가 '무른' 용어라면 강한 의미를 갖추도록 해야 할 것이다. 그리고 다시 한번 가장 좋은 방식은 언어를 그대로 가져와서 그 자원을 탐색하는 것이다. 그리스어로 디아(Dia)는 간극과 횡단을 말한다. 그리스인들이 이미 알고 있었듯이 **대-화**(Dia-logue)는 진행중의 간극이 있을수록 더욱 풍요롭다(소크라테스와 칼리클레스의 매우 강력한 대화가 그렇다). 그렇지 않으면 거의 같은 말을 하게 될 뿐이고, 대화는 둘이서 하는 독백이 되며 이런 대화에서 정신은 발전하지 않을 것이다. 그러나 디아는 또한 공간을 통과하는 길을 말하며, 이때 공간 자체는 저항을 나타낼 수 있다. 대-화는 즉각적이지 않으며 시간이 필요하다. 대화는 **경로**이다. 간극이 벌어지고 거리를 둔 모습 그대로 각각의 입장들이 서로가 서로에게 발견되고 서로를 비춰보며 실질적인 만남의 가능성에 대한 조건을 천천히 공들여 만드는 것은 점진적이고 끈기 있게 이루어지는 일이다. 여기에는 전개 과정이 필요하다. 디아에 견주어 로고스는 이해 가능한 것의 공통을 말하는데, 이때 이해 가능한 것의 공통은 역설적으로 이런 대-화의 조건인 동시에 목표이다. 즉 간극을 통해 공통이 생성되는데, 이 공통은 각각의 언어와 사유, 각각의 입장이 다른 언어, 다른 사유, 다른 입장에 의해 경계를 넘어서도록 놓아두므로 비록 상호이해가 완전히 실현되지 않는다고 해도(**이해 가능한 것**의 잠재력이 말하는 바가 이것이다) 능동적이게 된 이 **사이**에서 상호이해가 나타날 수 있다. 이 공통은 간극의 흡수도 아니고 인위적인 동화도 아니다. 이 공통은 작업하게 하는 간극에 내재된 긴장을 통해 **산출된 것**이다. 공통은 강요되거나 즉각 주어진 것으로 간주된 것이 아니라 **활성화된 것**이다.

각각의 관점을 점차적으로 그리고 서로 간에 자신의 배타성에서 벗어나게 함으로써, 그렇다고 해서 자신의 입장에서 벗어나게 하는 것이 아니라 타자를 모르는 자신의 입장의 폐쇄적이고 유폐된 특성에서 벗어나게 함으로써 대-화는 각자가 **타자를 이해하기** 시작할 수 있는 공유된 지성의 장을 점진적으로 나타나게 한다. 그러나 이와 관련해 지성의 효과는 어디에서 오며 (이 효과에 대한 호의적인 경건한 서약을 믿는 대신) 이것에 강제력을 부여하는 것은 무엇인가? 각자는 자신의 입장이 아니라 자신의 입장이 지닌 배타적인 면을 해체함으로써 타자의 입장을 자신의 입장 내부 자체에서 자신의 입장과 맞대면시킬 때 지성의 효과가 오는 것이다. 왜냐하면 이것이 바로 대면을 유지하는 간극의 힘이고, 간극이 긴장시키는 것에 의한 상호 침투 능력이기 때문이다. 이로부터 각자는 타자의 입장을 자기 고유의 지평 안에 합류시킴으로써 자기 고유의 입장을 다시 가동하고, 자기 고유의 입장이 **홀로 자명한 것**처럼 여긴 것에서 빠져나온다. 왜냐하면 타자의 입장을 단지 방어적 측면에서뿐만 아니라 다른 가능성으로 발견되는 것에 따라 고찰함으로써 동시에 각자는 타자를 들으면서 이 타자에 다름아닌 바깥으로부터 자신의 입장을 지각하기 때문이다. 이어서 각자는 타자의 입장에서 볼 때 자기 고유 입장의 일방성을 발견하게 된다. 이로부터 각자의 입장은 균열이 생기고 자신의 경계가 무너지는데, 이렇게 함으로써 매우 은미한 간격을 통해 이동이 시작된 것이다. 물론 대화가 거짓으로 이루어지거나 위조되지 않을 경우(플라톤의 칼리클레스는 그런 대화에서 빠지는 것을 선호하며, 필레보스는 대화에 끼어들지 않는 것을 선호한다), 대화가 시작되는 순간 그리고 대화가 지속되는 동안 각각의 입장이 타자에게 열리면서(바로 이런 것이 '사이 유지entre-tien'로서의 '대화'이다) 사유가 다시 가동하는 **사이**가 모습을 드러낸다. 이 **사이**에서 사유는 다시 통하고 작동할 수 있다. 따라서 관대하거나 단지 진정 효과만 있는 것과 가장 거리가 먼 대화의 장치만이 **그 자체**로 효력이 있다. 그렇지 않으면 한쪽에 의한 다른 쪽의 인위적인 동화, 다시 말해서 어느 한쪽의 '이화(異化)'만 있을 뿐이며 우리는 힘의 관계에서 벗어나지 못할 것이다.

그러나 이런 대화는 세계의 층위나 문화 사이에서 볼 때 어떤 언어로 이루어질 것인가? 대화가 한쪽 또는 다른 쪽의 언어로 이루어질 경우 다른 쪽이 이미 이화될 수밖에 없다면 처음으로 해답은 단순하다. 즉 대화는 한쪽과 다른 쪽의 언어로, 다시 말해서 이 언어들 사이에서 이루어질 수밖에 없다. 대화는 번역에 의해 열린 **사이**에서 이루어질 수밖에 없는 것이다. 제3의 언어나 매개 언어(특히 세계화된 영어나 글로비시)가 없기 때문에 **번역**은 이 대화의 **논리적** 언어이다. 또한 유명한 표현을 다시 사용하되 그것을 유럽에서 세계로 옮겨 적용하자면 번역은 세계의 언어이어야 한다. 앞으로 다가올 세계는 언어-사이의 세계이어야 한다. 그것이 어떤 언어이든지 간에 지배적인 언어의 세계가 아닌 대면관계에 있는 언어의 자원을 활성화시키는 번역의 세계이어야 한다. 서로가 서로에 의해 발견되는 동시에 한 언어에서 다른 언어로 이행하게 하기 위해 다시 가동하는 언어의 자원을 활성화하는 번역의 세계이어야 하는 것이다. 단 하나의 언어가 훨씬 더 편리할 것이라는 사실은 명백

하다. 그러나 단 하나의 언어는 즉시 자신의 단형화를 부과하게 된다. 이 언어를 통한 교환은 용이해지겠지만 더이상 교환할 것은 아무것도 없으며, 실제로 개별적인 것으로 교환할 것은 전혀 없을 것이다. 모든 것이 즉시 하나의 언어로 정리되고 그 언어를 동요시키는 간극들도 더이상 없으면 각 언어-사유, 즉 각 문화는 앞에서 이야기했듯이 단지 자기동일적 양상으로 그리고 완강한 방식으로 자신의 '차이'만을 주장할 수 있게 될 것이다. 이와 반대로 번역은 대-화의 기초적이고 결정적인 실행이다. 번역은 대-화의 불편함, 항상 재개되고 결코 완성되지 않은, 결정적이지 않은 대-화의 특성을 나타나게 한다. 그뿐만 아니라 대-화가 지닌 실효적인 것 또한 나타나게 한다. 지성의 공통이 대-화 사이에서 공들여 만들어지고 그 사이에서 전개되기 시작하는 것이다.

실제로 언어와 사유의 다양성이 전개하는 모습 그대로의 지성은 (범주와 관련된 칸트적 오성이 그러했듯이) 유한하고 고정된 오성(悟性)이 아니다. 그러나 지성이 문화의 대화에서와 같이 다양한 이해 가능성을 넘나들수록 더욱 자신을 활성화하게 된다. 지성은 이해 능력이 더 높아지는 것이다. 나아가 다른 언어와 다른 문화의 발견을 통해 다른 정합성에, 그리고 이에 따라 이해 가능성의 다른 양상에 자신을 개방할 수 있는 것은 세계적 단형화에 맞선 우리 시대의 기회이기도 하다. 이는 특히 유럽의 경우가 그러하다. 다른 언어와 다른 문화를 만나면서 유럽 사유는 이전의 자기도취, 즉 자신의 보편주의의 자기도취를 나쁜 의도로 또는 단지 상대주의로도 전환할 필요가 없다. 또한 유럽 사유는 (어떤 인위적인 '동양'으로) 전향할 필요도 없다. 그러나 유럽 사유는 바깥으로부터 자신에 대해 질문을 던지고, 이로부터 자신의 이성을 다시 가동할 수 있는 기회를 갖는다. 왜냐하면 내가 이해 가능한 것의 이런 공통을 설정하는 것은 논리적 보편, 강한 의미의 선험적 보편의 이름으로 그렇게 설정하는 것이며, 인간이나 인간 본성에 대한 항상 이데올로기적인 모종의 정의(定義)를 내세우면서 공통을 설정하는 것이 아니기 때문이다. 이 **이해 가능한 것의 공통**은 **인간적인 것의 공통**이다. 아마도 인간들이 결코 서로를 완전히 이해하지 못하거나 또 문화 사이에서도 서로를 완전히 이해하지 못한다고 하더라도, 그들이 서로 이해**할 수** 있고 언어를 통해서처럼 인간적인 것의 이런 다양성을 이해할 수 있는 가능성만이 '인간적인 것'을 이룬다는 점을 원리로서, 즉 **선험적** 필연성으로서(그리고 인간적인 것의 **초월성**으로서) 정립해야 한다.

또한 나는 주체에 대한 아직 알려지지 않은, 아직 탄생해야 할 모습으로 도래할 주체를 생각하지 못하겠다. 다른 계시 또는 새로운 진리를 기다리는 주체의 모습 말이다. 이유는 다음과 같다. 이제부터 유한한 우리의 세계에서(이 점은 우리가 탐색의 한계를 더욱 밀쳐낼수록 그러하다) 모종의 다른 곳에 대한 이 희망은 어디에서 오겠는가? 그러나 나는 더이상 **종속되지 않은**

주체로서 도래할 주체를 생각한다. 교조적으로 그리고 그 자체로 배타적인 방식으로 언술되는 특수한 진리, '폐쇄적' 진리에 갇히지 않은 주체 말이다. 그렇다고 이 주체는 반대로 지엽적인(초점적인) 것이거나 개별적인 것에서, 즉 하나의 언어·문화·풍경 등에서 단절된 **탈영토화된** 주체도 아니다. 그러나 나는 도래할 주체를 **기민한** 주체 또는 말하자면 ('무기력', 즉 수완이 없는 따라서 마비상태의 반대인) '민첩한' 주체로 본다. 즉 이런 주체는 한 언어와 특정 환경에서 다른 언어와 다른 환경 사이를 순환하고, 어떤 언어 및 환경과 다른 언어 및 환경 자원에서 무언가를 이끌어내는 주체이다. 이는 문화와 지성 형태의 다양성을 섞는(혼동하는) 주체가 아니며, 같은 말이지만 이 다양성을 합의적이고 더 '관용적'이라고 선언한 버전으로 환원하는 주체도 아니다. 왜냐하면 한 문화적 형태가 의미 있는 것은 그것이 간극으로부터 그리고 개별적인 것으로부터, 결과적으로 창조적인 것으로부터 산출하는 것에 의해서이기 때문이다. 그러나 이 주체는 사유들의 다양성을 각각 애초의 전유로부터 벗어나게 함으로써 지성의 공통에 기여하게 할 것이다. 바로 이 점에 실질적으로 '대-화'가 존재하는 것이다.

세계화된 세상에서 더이상 꿈꿔야 할 피안(彼岸)도 없고 여행하기에 먼 저편도 없는 오늘날, 이제 자원이 실제로 발견되는 것은 **사이**에서이다. '문화 간'이라는 용어가 의미를 갖는다면 그것은 이런 사이와 이런 대화를 세계와 문화의 새로운 차원으로 전개하는 것이다. 따라서 단형의 가짜, 태만한 보편성과 이에 상관되는 정체성의 종파적 환상이 동시에 무산될 것이다. 실존한다는 것이 저항하는 것이라면 이 용어(ex-sistere)가 의미하듯이 실존한다는 것은 우선 '바깥에 서는 것', 즉 어쩔 수 없이 따르게 된 것, 그리고 무엇보다도 역사에서 어쩔 수 없이 따르게 된 것의 바깥에 서면서 저항하는 것이다. 각 시대가 저항의 자기 형태를 갖는다면 우리 시대의 저항 형태는 짝을 이루고 나아가는 단형화와 정체성의 두 위협 가까이에서 점진적으로 저항하고, 간극의 창조적 능력에 의거함으로써 강도 있는 공통을 발족하는 것임을 정립해야 할 것이다.

프랑수아 줄리앙의 철학 여정

대중에게 널리 알려진 사실은 아니지만 프랑스는 역사적으로 우리와 특별한 관계를 맺어왔다. 1500년대 후반부터 서양의 천주교 선교사들이 전교를 위해 동방에 들어와 활동하는 과정에서 많은 프랑스 선교사들이 조선 땅을 밟았고, 이들의 활동은 한국 천주교 전통과 서구문화 유입의 기반이 되었다. 4세기 전부터 동방 연구를 진행해온 프랑스 학계는 막강한 동양학 전통을 지니고 있다. 마르셀 그라네(Marcel Granet), 르네 에티앙블(René Etiemble), 자크 제르네(Jacques Gernet), 레옹 반데르메르슈(Léon Vandermeersch) 등의 중국학 대가들이 활동해왔고, 현대 프랑스철학의 최전선에서 학계를 이끌고 있는 프랑수아 줄리앙(François Jullien)도 프랑스의 풍부한 중국학 전통에 속한 연구가로 평가되곤 한다. 그러나 줄리앙은 중국학의 차원을 뛰어넘어 서양사상과 중국사상을 맞대면시키는 작업을 통해 완전히 새로운 철학적 사유를 펼치고 있다.

줄리앙은 지난 40여 년 간 동서양 사상의 관계를 통찰한 40여 권의 단행본을 저술했고, 최근에는 이와 같은 막대한 지적 자산을 토대로 독창적인 문화론과 실존의 윤리학을 정립하고 있다. 그의 작품은 20여 개국에서 번역되었으며, 국내에는 이번에 출간하는 『문화적 정체성은 없다』 이전까지 모두 9권이 출간되었다.

역자는 2015년에 출간된 『전략: 고대 그리스에서 현대 중국까지』의 해제를 라이프니츠의 말을 인용하면서 시작했다. "박식한 작가는 가능한 한 가장 적은 지면에 가장 많은 내용을 담는다." 줄리앙은 이 작은 책에서 동서양 사상의 관계를 효율성과 전략의 개념 중심으로 밀도 있게 풀어내고, 이로부터 '20세기의 역사와 미래의 지정학에 대한 독법의 결과'까지 도출해내고 있다. 줄리앙의 2016년 작품인 『문화적 정체성은 없다』의 번역을 마무리하고 해제를 준비하면서 라이프니츠의 같은 말이 다시 떠올랐다. 그러나 이번에는 다른 관점에서 이 저작의 압축성을 강조할 필요가 있었다. 『전략: 고대 그리스에서 현대 중국까지』가 효율성에 관한 전문 저작들인 『효율성 논고』, 『사물의 성향』, 『맹자와 계몽철학자의 대화』를 압축한 대중적 해설이라면 『문화적 정체성은 없다』는 줄리앙이 수십 년 동안 동서양 사상을 맞대면시킨 작업을 토대로 새로운 문화론을 제시하는 저작이다. 줄리앙은 이 저작에서 문화와 관련해 자주 혼동되는 보편(universel), 단형(uniforme), 공통(commun)의 개념을 정제함으로써, 다양한 문화가 보편의 왜곡된 개념인 단형성을 극복하고 서로 간의 간극(間隙)을 비춰보는 공통 작업을 통해 각자의 강도(强度)를 높이는 문화적 대화 방법론을 제시한다.

확고한 사유 체계를 갖춘 철학자의 저작들이 상호 조명되는 것은 당연하지만 한 철학자의 사상 안에서 특정 저작들 간의 관계가 더 긴밀할 수도 있다. 바로 『문화적 정체성은 없다』와 2008년에 출간된 『보편, 단형, 공통 그리고 문화들 간의 대화(De l'universel, de l'uniforme, du commun et du dialogue entre les cultures)』의 관계가 그렇다. 『문화적 정체성은 없다』는 레옹 반데르메르슈가 줄리앙의 작품 중 "가장 야심차고 가장 심오한" 저작으로 평가한 후자를 압축한 저작이다. 『보편, 단형, 공통 그리고 문화들 간의 대화』는 스위스의 중국학 연구자 장 프랑수아 빌레테(Jean François Billeter)의 논박에 대한 대대적인 재반박을 담은 『여정에서(Chemin faisant)』(2007) 직후 출간되었다. 빌레테는 줄리앙이 동서 문화의 정체성을 고정시켰다고 비판했다. 줄리앙은 이 저작에서 빌레테의 비판이 자신의 작업을 근본에서부터 왜곡하고 있다는 점을 세밀하게 설명했고, 『보편, 단형, 공통 그리고 문화들 간의 대화』에서는 빌레테의 비판에 응수하는 차원을 넘어 별도의 체계적인 문화론을 정립했다.

줄리앙이 1980년대부터 현재까지 출간한 40여 권의 저작들은 특정 계통을 따라 진행되지 않았으며, '줄리앙 철학'의 전기와 후기를 구분짓는 뚜렷한 분기점이 있는 것도 아니다. 그러나 역자가 판단하기에 『보편, 단형, 공통 그리고 문화들 간의 대화』에서부터 줄리앙은 서양사상과 중국사상을 맞대면시키는 작업에 집중한다기보다는 자신이 걸어온 여정의 의미를 되돌아보고 이로부터 독창적인 문화론과 윤리학을 도출해냄으로써 자신의 작업을 정당화한다. 물론 줄리앙은 이 저작 이후 2009년에 『이상의 발명과 유럽의 운명(L'invention de l'idéal et le destin de l'Europe)』을, 2010년에는 『이 이상한 미의 관념(Cette étrange idée du beau)』을 출간했는데, 이 두 저작은 동서양 사상을 맞대면시키는 관점에 서 있다. 『이 이상한 미의 관념』은 2003년에 출간된 『큰 그림은 형상이 없다(La grande image n'a pas de forme)』에서 분석한 중국 회화론의 연장선에서 서양 미학의 난점을 해부하고 미에 대한 새로운 문제의식을 도출한다. 『큰 그림은 형상이 없다』는 『노자』에 나오는 문구인 '대상무형(大象無形)'을 제목으로 삼은 저작으로서, 사물들을 개별화하고 실체화하는 서구적 존재론의 습벽(習癖)을 방대한 중국 화론(畫論)의 분석을 통해 통찰한 걸작이다. 중국사상에 비추어 플라톤을 다시 독해한 『이상의 발명과 유럽의 운명』이 아마도 동서양 사상을 맞대면시키는 마지막 역작일 것이다.

이처럼 줄리앙은 최근까지도 몇몇 저작들에서 동서양 사상을 맞대면시키는 작업을 이어가고 있지만 그 접근방식은 서서히 달라지고 있다. 『보편, 단형, 공통 그리고 문화들 간의 대화』는 수십 년 동안 동서양을 맞대면시키고 양자의 간극을 조명한 작업의 의미를 문화 개념 자체에 적용함으로써 문화 간의 대화 방법을 제시한 문화론이다. 어떻게 보면 자신이 추구해온 작업을 문화 개념을 매개로 거리를 두고 바라보며 정당화하는 저작이라고 할 수 있다. 2016년의 중요한 저작 『실존하면서 살기: 새로운 윤리(Vivre en existant: Une nouvelle éthique)』는 이런 자전적(自傳的) 특성을 윤리적·실존적 차원에서 나타낸다. 즉 중국이라는 바깥을 통해 서양철학을 해체해온 그의 여정은 실존(existence)을 '바깥에 서다(ex-sistere)'라는 어원에 따라 규명하는 실존적 윤리학의 위상을 부여받는다. 다시 말하면 줄리앙의 문화론과 윤리학은 그가 오랫동안 천착해온 '중국'으로부터의 회귀를 개시하는 전환점이다. 물론 철학자에게 있어 작품의 의미는 개인적 삶을 이야기하는 것이 아니다. 줄리앙은 "나를 듣지 말고 담론과 로고스를 들으라"는 헤라클레이토스의 말을 자신의 작품에 적용해야 한다고 이야기하기도 했다. 요컨대 그의 문화론은 문화 자체에 대한 별도의 독립적 고찰로서 파악해야 하는 동시에 문화와 관련해 제시된 그의 개념들에 동서양을 맞대면시키는 선행 작업을 대입할 때 입체적인 이해가 가능해진다.

2019년 5월 줄리앙이 방한했을 때 역자는 교보문고와 대산문화재단에서 진행한 그의 첫 강연 사회자 및 대담자로 참여하여 그의 발표문 원고를 미리 전해받았다. "바깥으로부터의 해체"라는 밀도 높은 글이었다. 줄리앙은 동서양을 맞대면시켜온 긴 여정을 압축하고 문화 간 대화의 의미를 논하면서 강연을 마무리했다. 역자는 줄리앙의 사상이 동서양 맞대면, 문화론, 실존적 윤리학의 세 단계로 나아가며, 이 강연에서 실존적 윤리학을 제외한 동서양 맞대면과 문화론까지 논의하고 있다는 논평을 제시했고 그의 동의를 받았다. 며칠 간 이어진 그의 강연에 참석하면서 철학, 문화, 번역 등에 관해 깊은 토론을 나누었다. 마지막 회합에서 줄리앙이 역자에게 『문화적 정체성은 없다』를 우리말로 옮겨줄 것을 제안했고 그 결과물이 이번 번역이다. 이 해제에서는 동서양의 맞대면이 지닌 의미를 줄리앙의 강연 원고 "바깥으로부터의 해체"를 중심으로 풀어내고, 『보편, 단형, 공통 그리고 문화들 간의 대화』와 『문화적 정체성은 없다』를 기초로 그의 문화론을 살펴보고자 한다. 끝으로는 그의 실존적 윤리학을 간략하게 소개할 것이다.

1. 바깥으로부터의 해체

줄리앙은 중국을 중심에 둔 작업 때문에 프랑스에서도 '중국학 연구가(chinologue)'로 불릴 때가 많지만 이 호칭을 좋아하지 않는다. 중국은 철학을 새롭게 정립하기 위한 도구로 택한 것이기 때문에 자신의 작업은 철학적이라는 점을 항상 강조한다. 줄리앙 철학의 의미는 '우회'와 '회귀'의 두 단계로 압축할 수 있다. 첫 단계인 '우회'는 서양철학 전통의 근간을 이루는 존재, 신, 이상, 목적, 자유 등과 같은 주요 철학소(哲學素)들을 중국사상을 통해 동요시킴으로써 사유의 낯섦을 체험하는 데 있다. 서양철학이 기대어온 굄목, 즉 자기 사유의 균형을 유지하게 해주지만 너무 친숙해 사유되지 않은 '굄목'을 제거하면 어떤 일이 발생하게 될까? 두번째 단계인 '회귀'는 서구적 이성을 지탱해주는 무언의 선택을 중국이라는 바깥을 통해 재조명하는 작업이다. 회귀는 중국을 통해 서구적 편견을 드러낼 뿐만 아니라 서구의 잊힌 가치를 새롭게 사유하는 단계이다.

줄리앙은 서양철학의 상황을 위기로 진단한다. 서양철학은 '다르게' 생각하는 것을 과제로 삼고 발전해왔다고 자부하지만 자기 고유의 범주 속에서 늘 비슷한 질문들에 갇혀 있다. 그래서 줄리앙은 철학을 재개하기 위해 철학의 고향인 그리스와 거리를 두며 중국을 거쳐 우회하는 작업을 수행해왔다. 그의 작업은 서구적 이성의 고질적이고 유전적인 편견 또는 습벽에 질문을 다시 던지고 사유되지 않은 문제로 거슬러오르기 위한 전략적 우회와 회귀이다. 중국은 중국학 자체를 넘어 철학을 재가동시키는 일종의 이론적 뇌관으로 기능한다.

1) 우회의 논리

철학을 재개하기 위한 출발점은 사유의 조망이 가능하도록 거리를 창출하는 간극을 벌리는 것이다. 중국을 거쳐 나아가는 우회는 이국적 취향과는 아무 관련이 없는 것으로서 철학의 재가동을 위한 일종의 방법론이다. 중국을 통한 우회는 그리스를 더 잘 읽기 위한 것이다. 서양철학은 다양한 지배적 담론들, 즉 푸코가 말한 에피스테메(episteme)들이 철학사를 절합(節合)해왔고, 그 과정에서 단절도 경험했지만 그리스 사유의 상속에서 근원적으로 벗어나지 못했다. 서양철학은 그리스 사유와 유전적인 친족관계에 있다. 그렇기 때문에 그리스 사유를, 나아가 서양철학을 제대로 읽으려면 그리스를 떠나 바깥의 관점을 구성함으로써 서구적 친족관계와 단절해야 한다. 서양철학의 범주에서 벗어나 간극을 통해 사유를 조망해야 한다.

철학을 재가동하기 위해 중국이 선택된 이유는 세 가지이다. 첫째, 서양철학은 인도유럽어로 구성되었으므로 언어적 바깥을 체험하려면 인도유럽어에서 벗어나야 한다. 따라서 산스크리트어는 배제된다. 둘째, 역사적 영향관계에서 벗어나야 한다. 따라서 아랍 및 유대 세계는 서양의 역사와 계속 관련되어 있기 때문에 배제된다. 유럽과 중국의 본격적 교섭은 16세기 이후에야 진행되었고 이때 중국사상은 이미 정립되어 있었다. 셋째, 고대부터 텍스트로 표현되었으며 본래성을 지닌 사유를 만나야 한다. 줄리앙은 인류학자가 아닌 철학자이고자 했으므로, 텍스트를 통해 명확히 진술되고 해설되어 그리스 사유와 비교 가능한 사유와 마주쳐야 했다. 텍스트 전통을 갖춘 동시에 언어와 역사 차원에서 서양과 영향관계에 있지 않은 사례

는 중국이다. 유럽 사유와 중국 사유는 철학을 재가동하기 위한 유일한 두 대화 상대자이다.[1]

2) 이지성(異地成, hétérotopie)

유럽 사유와 중국 사유를 맞대면시키고 철학을 재가동하기 위해서는 두 암초를 피해야 한다. '동일자(同一者)'와 '타자'가 피해야 할 두 암초이다. 하나는 마치 세계에 대한 자신의 시각이 당연한 듯이 자신의 시각을 나머지 세계에 투영하는 자기민족중심주의의 암초이고, 다른 하나는 차이의 매력과 거리감의 환상에 빠지는 이국 취향주의의 암초이다.

물론 중국에서 발견되는 사유가 다른 곳보다 더 다르다고 가정할 수는 없다. 그러나 틀이 다르다. 중국 사유는 유럽 사유와 차이가 난다기보다는 유럽 사유에 대해 완전히 무관심하다. 중국 사유는 언어적·역사적으로 유럽과 아무 관계가 없는 상태에서 정립되었다. 따라서 두 사유가 만날 수 있도록 매번 맞춤 작업을 시행함으로써 두 사유를 맞대면시켜 상호 무

1 *Penser d'un dehors(La Chine)*(바깥-중국-으로부터 사유하기, Seuil, Paris, 2000). 이 책에서 줄리앙은 한국과 일본에 대해서도 언급하고 있다. 그는 일본사상은 중국사상의 영향권에 있기 때문에 배제하거나 보류했다고 밝혔다. "일본 사유는 중국 사유의 방향에서 전개되었으며 중국 사유는 일본 사유에 중국 문자, 불교, 유교 등을 전파했기 때문이다"(40쪽). 또한 그는 한국철학을 배제했다고 명시하지는 않았으나 한국을 중국 사유의 '보관소'로 간주했다. "중국에서는 사라진 많은 것이 한국에서 보존되었기 때문에 한국은 중국의 보관소 구실을 했다고 통상적으로 말해지며 이는 틀린 말이 아니다"(153쪽).

관심에서 빠져나오게 하는 예비 작업이 필요하다. 그렇게 해서 서로가 서로를 마주볼 수 있게 하는 것이다. 한 사유에서 다른 사유로 틀이 변화되는 그 자체만으로도 사유가 가능해진다. 주요 인도유럽어족에서 벗어남으로써 언어적 동족성과 곧바로 단절한다면, 언어의 의미에 더이상 의거할 수 없고 어원으로 거슬러올라갈 수도 없다면, 서양의 사유 습관을 이루고 또 그 안에서 서양의 사유가 진행되어온 통사론의 효력과 단절한다면 사유에 무슨 일이 일어나게 될까? 또한 서양의 역사에서 벗어남으로써 철학사와 단절한다면, 서양의 정신이 기대어온 개념들과 학설들의 계보에 더이상 의거할 수 없다면 사유에 무슨 일이 일어나게 될까? 예를 들어 '존재', 신, 이상, 정신, 물질, 자유 등의 개념에 의미를 두지 않는 체계를 만날 경우 사유에 무슨 일이 일어나게 될까?

헤겔을 필두로 서양철학사에서 주장한 바대로 중국 사유가 '선(先)-철학적' 단계에 머물렀다는 관점은 오늘날 설득력이 없다. 이는 서양을 모든 사유의 기준으로 삼고 나머지 사유들을 서양의 하위 부류나 변주로 간주하는 문화보편주의 또는 자기민족중심주의에 불과하다. 중국에서 발견되는 사유는 견고하고 명확히 설명된 사유이다. 중국은 추상작용의 체계를 만들어냈고, 고대부터 도시국가가 아닌 제후국의 틀에서 다양한 학파들이 존재했다. 중국은 철학의 유년기에 머물지 않았고 이해 가능성의 다른 원천을 개척했다. 따라서 유럽 사유의 틀과 중국 사유의 틀의 맞대면은 그 자체로 사유를 작동시킨다.

3) 우회의 소득-회귀

중국을 거쳐 나아가는 여정에서 우회의 소득은 이중적이다. 먼저 그것은 정합성의 다른 가능한 양상들, 즉 다른 이해 가능성들을 발견하고 이로부터 어디까지 사유를 낯설게 할 수 있는지를 탐색하는 데 있다. 예를 들어 사유가 동사 '존재하다'를 갖추지 않을 때 다른 어떤 이해 가능성이 제시되는가? 고전 중국어는 주어와 술어를 연결해주는 '시(是)'와 같은 계사(繫辭)나 '있다[有]'만을 갖추고 있다. 물론 사유가 동사 '존재하다'를 갖추지 않은 것은 결핍이 아니다. 중국은 '실재'를 존재가 아니라 음양(陰陽)의 교차 같은 작동중의 힘에 의거해 사유하는바 정합성의 다른 원천들을 활용했다. 또한 사유가 신화적 서사와 분리된 논증의 담론 속에서 전개되지 않을 경우 다른 어떤 이해 가능성이 발견되는가? 중국은 문명의 시원에서 신화들이 난립하지 않았고 서사시도 없었기 때문에 미토스(mythos)와 로고스(logos)의 분리, 신화와 철학의 분리를 겪지 않았다.

중국은 존재, 신 관념, 자유의 이상 등 서구의 주요 철학소들을 비판한 것이 아니라 그것들을 무관심하게 비켜갔다. 중국은 운행의 논리, 장치로서의 세계, 중용의 이상 등 다른 습벽들에 따라 사유했다. 그렇기 때문에 바깥으로서의 중국은 서양의 사유를 '서양의 것'으로 발견하게 해주는 습벽, 즉 접혀 있는 상태에서 빠져나오도록, 다시 말해서 서양의 사유를 펼칠 수 있도록 이끈다.

따라서 우회는 회귀를 내포하고 있다. 중국이라는 외부성의 관점으로부터 유럽적 이성의 전개를 시작한 선입견으로 되돌아오는 것이 관건이다. 유럽 사유가 자명성으로 전달할 정도로 동화(同化)했지만 깊이 숨겨지고 명시화되지 않은 선입견, 유럽 사유의 번성을 위한 토대가 된 선입견 말이다. 따라서 이와 같은 외부성의 관점으로부터 유럽적 이성을 배후에서 공략함으로써 사유의 사유되지 않은 점으로 거슬러오르는 것이 목표이다. 즉 사유의 다른 틀을 시험하면서 나아감으로써 이데올로기뿐 아니라 언어와 사유의 범주에 속한 '서양'을 밝히는 것이 목표이다.

이는 유럽적 이성의 특수한 모험을 되돌아보게 한다. 유럽적 이성은 보편성의 야심과 함께 구상되었다. 물론 『보편, 단형, 공통 그리고 문화들 간의 대화』와 『문화적 정체성은 없다』에서 체계적으로 설명하고 있듯이 보편성은 일의적이지 않다. 특히 역사적으로 볼 때 '보편'의 위상 또는 양상이 그리스에서의 로고스의 보편성에서부터 로마에서의 시민권과 제국의 보편성, 그리고 교회의 '가톨릭주의'에 이르기까지 얼마나 변해왔는지를 헤아려보면 보편성의 요청은 전혀 필연적이지 않은 독특한 역사, 혼합되고 심지어 혼돈스러운 역사로부터 형성되었다는 것을 알 수 있다. 그러나 서양에서 보편성은 강한 의미, 즉 사태가 반드시 그러해야 한다는 선험적 필연성의 의미가 강조되었고, 이런 보편성이 사유의 조건이 되면서 수학과 물리학의 결합을 낳았다. 이 같은 보편성의 추구는 근대에 서구적 힘의 원천이 되었으나 중국 사유와의 맞대면 속에서 볼 때 매우 특수한 습벽이자 모험적 사유로 나타난다.

4) 바깥으로부터의 '해체'

주의할 것은 중국이라는 바깥을 통해 나아간다고 해서 이런 작업이 상대주의를 추구하는 것이 아니라는 점이다. 유럽적 이성의 보편주의가 어떤 특수한 역사를 통해 형성되었는지 식별하는 것은 유럽과 중국 양쪽에서 보편화 요소들의 가능성을 간과하고 그 가치를 낮게 평가하자는 것이 전혀 아니다. 보편성은 이미 주어진 것이 아니며, 보편화 요소들은 잠재성의 상태로 현존하는 것으로서 재주조(再鑄造)와 초월을 통해 전개해야 할 것들이다. 다시 말하면 안이한 보편주의와 태만한 상대주의라는 두 암초를 넘어서야 한다. 줄리앙이 유럽적 이성의 선입견을 말한다면 그것은 그 선입견의 생산력을 더 잘 탐색하고 유럽 사유를 놀랍고 어쩌면 엉뚱하지만, 여하튼 매혹적인 사유의 모험으로 다시 발견하기 위해서이다. 즉 보편성의 열망을 감소시키기 위해서가 아니라 보편성의 요청을 자극하는 특수한 긴장에서 출발해 보편성을 더 엄정하게 사유하기 위해서이다.

이는 중국을 통한 우회가 적어도 출발점에서는 이데올로기적 동기에서 시작된 것이 아니라고 말하는 것과 같다. 우회의 기능은 방법적이거나 더 정확히는 전략적이다. 이 우회는 일련의 편차들을 점진적으로 만들어내고 그만큼의 작은 동요들을 일어나게 한다. '어긋나게 하다'라는 용어에는 두 가지 의미가 있다. 하나는 한 틀에서 다른 틀로(유럽에서 중국으로 또는 중국에서 유럽으로) 이행함으로써 상궤(常軌), 즉 서구적 사유 습관들의 상궤에 대해 이동을 실행하는 것이다. 이는 서양의 표상들을 움직이게 하고 사유를 가동시킨다. 다른 하나는 굄목을 제거한다는 의미에서 어긋나게 하는 것이다. 서양이 끊임없이 사유를 기대게 하는 것, 그러나 바로 그 때문에 서양이 사유할 수 없는 그것을 파악하기 시작하려는 것이다.

이것이 바로 '바깥으로부터의 해체'이다. 내부에서, 즉 서양의 전통에서 이루어진 해체는 짧게 끝날 위험의 소지가 있다. 그리스적 형이상학과 거리를 두려고 시도하는 이는 바로 이러한 사실만으로 '다른 쪽으로', 즉 유대-성서적 원천 쪽으로 기울게 된다(하이데거에서 데리다에 이르기까지 이는 유명한 '사유되지 않은 빚'이다). 중국만이 헬레니즘-헤브라이즘과 다르고 또 본래적이기도 한 원천을 구성한다.

5) 굄목 치우기

줄리앙은 단번에 차이를 분류하게 해줄 '보편적' 범주들을 미리부터 경계하기 때문에 자신의 작업은 '비교'가 아니라는 점을 강조한다. 비교는 동일한 차원에 속한 차이들을 견주는 작업이지만, '중국'과 '유럽'은 동일한 면에 속하지 않기 때문에 한쪽은 중국, 다른 쪽은 유럽, 즉 동양과 서양 두 쪽으로 면을 나누어 선을 그을 수 없다. 줄리앙은 연이은 시론들을 통해 특정 지점에서 출발해 특정 각도에서 지엽적으로 작업을 한다. 이는 한 그물코 다음에 다른 그물코를 점차적으로 엮어서 그물망을 만들어가는 방식이다. 여러 그물코가 모여 그물망이 형성되듯이 특정 주제들을 중심으로 중국과 유럽 사이의 외부성을 드러내고 대화를 조직하는 작업의 결과물이 축적될 때 우리는 어떤 전체적 의미를 포착할 수 있다. 그렇기 때문에 줄리앙은 자신이 집필하는 여러 제목의 저작들은 사실 단 하나의 저작으로 연결되는 개별적 장(章)들이라고 강조한다. 바로 이러한 점에서 줄리앙 모음집의 의미를 이해할 수 있다. 2000여 쪽에 달하는 각 모음집은 다양한 주제의 여러 저작들을 포함하고 있으며, 이것들이 바로 개별적 '장'들로 간주된다. 실제로 그는 도덕, 세계, 예술, 시, 회화, 창조, 정치, 역사, 외교, 전략, 언어, 시간, 악, 수사학 등 인문학의 모든 주제를 다룬다. 줄리앙은 중국과 유럽 사이에서 그물처럼 펼쳐지고 점진적으로 갈래를 쳐나가는 문제의 망(網)을 통해 중국과 유럽의 사유되지 않은 점을 포착하려고 시도한다. 이는 우리의 지성을 작동시키고 사유 가능한 것의 장(場)을 재구성할 기회를 엿보는 탈-범주화와 재-범주화의 체계적 작업으로 이끈다.

줄리앙이 내놓은 시론의 몇몇 사례를 제시하면 다음과 같다.

-『우회와 접근(Le Détour et l'accès)』은 담론과 의미 전략의 차원을 다루는 시론이다. 여기서 줄리앙은 정렬된 전투에서 군대의 대결과 유사한 도시국가에서의 담론 대결을 중국의 경우와 같이 우회적으로 접근하는 언사(言辭)의 방식과 대립시킨다. 마찬가지로 이 시론은 진리를 가장 엄밀하게 파악하려는 정의(定義)의 담론을 주제의 윤곽을 명확히 설정하기보다는 측면으로 접근함으로써 원거리에서 주제를 언급하는 순전히 단초적인 언사에 대립시킨다. 이러한 간극은 해당 주제에 무한정 접근할 수 있게 해준다. 줄리앙은 이를 암시적 거리라고 일컫는다.

-『무미예찬(Eloge de la fadeur)』에서는 감각론을 다룬다. 중국에서 담백함이 어떤 방식으로 변환되며 적극적인 의미로 드러나는지를 제시한다. 무미(無味)는 예를 들어 짠맛과 단맛을 대립시키지 않는다. 무미는 이들의 분리 이전에, 즉 구체적인 것이 은미하게 되면서 모든 가능성을 배제하지 않는 때에, 감각적인 것의 한계에서 향유의 가장 긴 여정이 열리는 때에 느껴지는 것이다.

-『맹자와 계몽철학자와의 대화(Diaologue sur la morale)』에서는 도덕의 차원에 대해 논한다. 의지에 의거하지 않고 또 자유를 이상으로 내세우지 않고 어떻게 도덕의 기초를 세우는

가? 이 시론은 도덕과 관련해 경험(연민)과 요청(무제약자에 합류하게 해주는 가치들의 절대성)을 동서양이 공유한다는 점을 밝히는 동시에 동서양이 나타내는 간극에 대해서도 조망한다.

-『효율성 논고(Traité de l'efficacité)』에서는 전략의 차원을 다룬다. 서구적 모델화(수단-목적의 관계)를 중국적 전략이 조건과 귀결의 관계에서 내세우는 '상황 잠재력' 또는 형세(形勢)에 대립시킨다. 중국적 전략은 결과를 직접적으로 겨냥하는 대신 진행중의 상황으로부터 간접적으로 그러나 자연스럽게 결과가 이어져 나오도록 놓아둔다. 또한 이 시론은 항상 지엽적이고 순간적이며 주체에게 귀속할 수 있는(그래서 주체는 분리되고 결과적으로 눈에 띈다) '행동'에 중국인들이 강조하는 운행 과정의 '변화'를 대립시킨다. 변화는 전반적인 동시에 지속적인 것으로서 시간의 흐름에 따라 전개되며 따라서 별도로 분리되지 않고 우리는 그 결과를 확인할 뿐이다. 중국인들이 알려주는 효능은 서구문화에서 영웅주의와 서사시가 강조하는 눈에 띄는 것 또는 '사건(event)'과 거리가 먼 것으로서 은미하다.

-『현자에게는 고정관념이 없다, 철학의 타자(Un Sage est sans idée, ou l'autre de la philosophie)』에서는 중국과 유럽의 이론적 분기(分岐)를 다시 다룸으로써 서양철학 자체의 맞상대로서 중국의 현자 개념에 대해 논한다. 이는 서양철학이 생각하지 않은 경험과 사유의 근저를 이 분기 아래에서 재발견하기 위해서이다. 서양철학은 진리를 추구함으로써 이러한 경험

과 사유의 근저에서 벗어나고, 이에 따라 철학 고유의 장치로 인해 결국 그 근저를 묻어버렸다. 이처럼 철학에 포착되지 않는 것은 너무 잘 알려지거나 너무 일반적인, 이론적 가공을 위해 필요한 거리를 허용치 않는 한마디로 너무 '가까운' 것이 될 것이다. 이는 내재성의 토대라는 너무 가까운 것으로서 현자가 참과 거짓을 확연히 나누지 않고 사대의 그냥 '그러함[然]'에 개방함으로써 극히 '단순하게' 다가가는 것이다.

6) 철학을 다시 묻기

후속 연구에서 줄리앙은 계속해서 다음과 같이 실마리를 풀어냈다.

-『불가능한 누드(De l'essence ou du nu)』에서 줄리앙은 그리스에서 누드와 아름다움이 어떤 유기적 결합을 통해 연결되고, 예술에서 누드의 부각이 즉자성과 본질의 탐구가 되는지를 밝히고자 했다. 이에 따라 형상의 존재론적 위상과 부분-전체의 관계 또는 모델(미의 '규준')의 개념이 개입된다. 이와 대비해 중국 전통에서 누드의 부재는 중국 전통이 비록 인물화와 인물 조각을 폭넓게 발전시켰다고 해도 누드의 불가능성을 나타낸다. 중국 예술은 해부학적 대상이 아닌 기(氣)의 몸 개념을 내세우고, 형상의 모델화보다는 특징의 구도를 선호하며 현전보다는 스며듦의 가치를 중요시했기 때문에 누드의 가능성을 차단했다. 동시에 중국인들은 예술의 사명을 미의 구현보다는

'정신의 전달'로 받아들였다.

-『시간에 관하여(Du temps, éléments d'une philosophie du vivre)』에서 줄리앙은 시간이라는 철학의 핵심적 개념을 다시 다룬다. 철학은 시간의 수수께끼에 대해 끊임없이 질문을 던지면서도 그것에서 결코 벗어나리라고 생각하지도 못한다. 그런데 중국은 무슨 이유로 동질적이고 추상적인 시간의 개념을 구상하지 않았는가? 그것은 서양이 그런 시간 개념을 가질 수밖에 없게 한 특수한 통로들을 중국은 거치지 않았기 때문이다. 중국은 시간이 물체의 운동을 측정하는 데 쓰이는 물리학적 통로를 거치지 않았다(중국은 자연을 운동하는 물체가 아니라 상관적 요인들을 근거로 사유한다). 중국은 시간이 영원과의 대립에 의해서 사유된 형이상학적 통로를 거치지도 않았다(중국은 '도(道)'를 이루는 조정의 안정성을 사유한다). 끝으로 중국은 언어적 통로를 거치지 않았다. 서양이 '시간'을 명확히 설명한 것은 과거-현재-미래로 동사 변화를 함으로써 시제를 대립시켰기 때문이다. 그런데 중국어는 동사 변화가 없다. 반대로 중국은 계절의 때와 운행 과정의 지속을 사유한다. 이로부터 서양철학이 간과했던 계절의 존재에 대한 현상학을 발전시킬 수 있다. 마찬가지로 때의 '알맞음'과 (앞서나가는 것과 대립되는) '유연성'을 사유할 수 있는데, 이는 서양에서는 하위 이론 단계에 머무른 것이다.

서양에서 '시간'은 삶의 흐름에서 불쑥 나옴으로써 우리로 하여금 삶을 오직 시작과 끝 사이의 통과로서 그리고 곧바로 그 끝을 향하게 하는 것으로 생각할 수밖에 없게 만든다. 서양인은 "오늘을 즐겨라"라는 시인들의 반복된 요구에도 불구하고 현재를 사는 것이 무엇인지 여전히 생각하지 못한다. 반면 중국은 현재를 사는 것이 아니라 '시의적절하게' 살라는 몽테뉴의 문구를 다시 읽도록 인도하며, 마찬가지로 시험삼아 지혜의 입장을 취하도록 인도한다. 실제로 우리가 경우에 맞는 때를 시작과 끝 사이의 길이에 의해서와 달리, 따라서 그것을 서구적 '시간'과 분리함으로써 오직 그 때가 도래하는 내재성에 따라 생각한다면 어떻겠는가? 마지막으로 여기에는 (유럽) 철학이 그토록 강력히 조직했고, '근심'에 기초한 하이데거의 해체가 축성했을 뿐인 위대한 '실존적' 드라마를 동요시킬 만한 것이 있지 않겠는가? 시간과 유한한 인간의 연루가 만들어내는 서양의 실존적 불안 개념과 같은 것이 중국에서 가능한가?

7) 논박

줄리앙은 바깥을 통해 바라보는(ex-optique) 자신의 시각을 몇몇 논박들에 답함으로써 정당화한다.

첫번째, 비판의 관점은 '전통'을 고지식하게 사용하는 것이 아니냐는 것이다. 줄리앙의 시각은 예를 들어 역사의 연속성을 부정하는 푸코의 단절주의에 위배될 것이다. 서양은 지리적으로 끊임없이 이동했을 뿐 아니라 인식론적으로도 변천했기 때문에 '서양적' 전통은 없으리라는 것이다. 만일 '서양 전통'을 서양 내부에서 고찰한다면 이는 맞다. 왜냐하면 내부에서 우리는 긴장의 형태들, 나아가 끊임없이 잇따르는 단절의 결과들에 특히 민감하기 때문이다. 모든 철학자가 이전 철학자의 사유에 반대하며 등장한다는 것은 잘 알려진 사실이다. 그러나 레비스트로스가 가르쳐준 것처럼 외부에서 지각되는 것은 내부에서 지각되는 것과 같지 않다. 서양을 바라보는 중국에서처럼 외부에서 바라볼 경우 우리는 정합성의 효과들, 나아가 무한히 많은 묵인들에 민감해진다. 왜냐하면 이런 효과들과 묵인들은 동일한 습벽 안에서 극히 명백한 이질성을 연결하며, 그래서 조사되지 않은 유착관계를 통해 사유의 기반을 구성하기 때문이다. 예를 들어 중국에서는 알려지지 않았고 심지어 생각조차 하지 않은 존재-신-자유의 삼중관계를 다시 다루자면, 이 세 개념의 접근은 과장된 것이기는커녕 상류에서 형성되고 서양철학이 끝없이 해명하게 될 암묵적인 구조를 드러낸다. 어떤 방식으로 자유의 이상은 외부성으로서의 신의 관념에 기대고 있고, 존재의 개념을 토대로 감각적인 것으로부터 지성적인 것을 분리할 것을 요청했는가? 오늘날 우리가 이런 배경과 관계없이 자유를 사유한다고 해도 그것 때문에 자유의 사유에 대한 가능성의 조건을 망각해서는 안 된다.

두번째, 비난의 또다른 관점은 철학의 정의 자체에 기인한다. 푸코와 들뢰즈는 다시 반복해서 "철학은 다르게 사유하는 것이다"라고 이야기했다. 철학은 자기 자신의 타자성 찾기를 멈추지 않았으며, 타자성은 궤변론 혹은 플라톤주의, 존재론 혹은 말이 세계를 움직인다는 로골로지(logology) 등 철학사를 끝없이 통과하고 자극한다. 그리고 중국이 서양에게 보여주는 사유의 다른 가능성이 번역을 통해 필연적으로 서구적 용어로 그려지는 것처럼, 중국 사유는 헤라클레이토스주의(생성의 논리), (존재를 필요로 하지 않는) 궤변론, (진리를 필요로 하지 않는) 회의론 또는 내재론으로서 스토아주의 등의 입장을 차례로 다시 갖는 것처럼 보이는 것이 사실이다. 이에 대해 맞대면을 가능하게 하는 필연적인 편리함이 있다고 우선은 답할 수 있을 것이다. 그러나 이런 편리함은 일시적일 수밖에 없다. 왜냐하면 '마치 ~처럼'의 환상에 빠져서는 안 되기 때문이다(중국 사유가 차례로 헤라클레이토스적이고 궤변론적이며 회의론적이라는 등, 간단히 말해서 중국 사유가 서양과 동일한 게임을 다시 할 수 있을 뿐인 것처럼 말이다).

실제로 다음과 같은 난점이 있다. 서양이 다른 의미를 논하려면 숙명적으로 서구적 용어, 즉 동일자의 용어로 설명해야 하므로 어떻게 다른 의미의 가능성을 이야기할 것인가? 적어도 그렇게 시작할 수밖에 없다. 작업이란 언어를 점차적으로 전개할 수 있는 것이고, 작업중에 언어가 이전에 의미하던 것과 다른 것을 또는 다르게 논할 수 있게 하는 것이기 때문이다. 그렇기 때문에 줄리앙은 철학의 기존 개념들을 사용하기보다는 서양의 이론적 담론의 여백에서 취합된 용어에서 출발하는 것을 선호한다. 이런 용어들은 더 사용 가능하고, 덜 위태로우며 따라서 의미의 전개를 위해 더 잘 준비되어 있기 때문이다. 그래서 줄리앙은 '무미', '암시', '세', '조정', '효능' 등의 용어를 개념으로 승격시킨다. 이와 같은 작업을 통해 서양의 틀에 다시 갇히지 않는 가운데 서양의 습벽을 드러내고 다시 사유할 수 있도록 중국을 통한 '바깥으로부터의 해체'를 수행하는 것이다.

세번째 비판은 이미 언급된 '차이'의 위상에 기인한다. 줄리앙의 작업은 동양 사유와 서양 사유를 '차이들'로 구별해 고정하는 것이 아닌가? 그러나 서양 사유와 중국 사유 사이에서 줄리앙이 매번 실행하는 맞춤이 대조를 내세운다면, 즉 통상적으로 그가 양쪽의 사유를 대립시킴으로써 서로 간의 무관심에서 빠져나오게 한다면 이런 대립은 오직 사유의 한 계기로 간주되어야 한다. 즉 이 대립은 작동을 위한 것이다. 대립 자체는 폐쇄해야 할 것도 고정해야 할 것도 아니다. 즉 이 대립을 통해 중국 세계 또는 서양 세계를 정립하는 것이 아니다. 안이한 도식화를 넘어서면 실제로 우리는 한쪽에서 가장 많이 전개된 측면을 다른 쪽에서 적어도 맹아적 양상으로 자주 다시 발견하게 된다. 이런 점은 상호 접근의 환상에 대해 이야기한 것과 전혀 어긋나지 않으며, 오히려 그것을 온전하게 하는 데 기여한다. 실제로 양쪽을 모두 유지해야 한다. 한편으로는 사유의 습벽들의 간극을 유지해야 한다. 이 간극은 그 자체로는 근원적이며, 적어도 비교가 즉각적으로 이루어졌을 경우 그 같은 모든 비교를 피상적인 것으로 만든다. 왜냐하면 재범주화 작업이 부재할 경우 비교는 늘 투영에 어느 정도 속하기 때문이다. 즉 이 같은 비교는 단지 이미지를 만들 수 있을 뿐이다. 예를 들어 이런 비교는 중국에서와 마찬가지로 존재 동사가 자기 자리가 없고 따라서 그 가능성이 의심되는 가운데 존재 동사의 밖에서 그리고 존재 동사를 준거로 삼는 작업 밖에서 사유하는 것과 완전히 다르다. 다른 한편으로 그리고 동시에 사유 가능한 것의 공동체를 유지해야 한다. 이 모든 다양한 습벽은 사유의 돌출을 형성하며, 결과적으로 이 같은 돌출은 이 습벽들을 연결하고 그리스와 중국 사이에서처럼 특정 장(場)과 다른 장 사이에서 통로를 발견하거나 가교 역할을 함으로써 소통을 가능하게 한다. 우리는 그리스나 중국 양쪽 모두에서 각각의 정합성, 따라서 가지성과 마주하게 된다.

여러 사례를 살펴보자. 운행과 흐름의 논리에 기초해 중국이 전개한 전략적 지성은 그리스신화에서 그 흔적을 찾아볼 수 있고, 흔히 '교활한 지성'으로 번역되는 메티스(mètis) 안에서 유사한 점을 발견할 수 있다. 반대로 중국 고대 말기의 후기 묵가학파는 원인, 부분과 전체, 무한과 유한의 개념들 또는 기하학에 대한 관심, 정의(定義)에 대한 고려, 모순율 등 동일한 시기에 서양에서 크게 번성한 사유의 범주와 요청을 나타낸다.

따라서 어떤 이유로 한쪽에서 전개된 특수한 가지성이 다른 쪽에서는 전개되지 않았는지를 밝히는 것이 탐구의 관심사이다. 그런 가지성이 다른 쪽에서도 지각되었고, 적어도 완전히 간과되지 않았음에도 불구하고 왜 전개되지 않았는가? 다시 말해서 어떤 입장이 더 확산되고 또 더 잘 뿌리를 내림으로써 다른 가지성을 때때로 제거할 정도로 방해하는지를 밝히는 것이다. 어떤 이유로 그리스의 이론 장치가 구성되면서 상황들의 유동적 특성과 결합하는 '교활한 지성'과 같은 메티스를 간직할 수 없었고, 심지어 mètis 단어 자체가 소실되었는가? 반대로는 어떤 이유로 그리스의 합리주의와 매우 유사한 묵자의 합리주의는 중국에서 자리잡지 못했는지, 어떤 이유로 음식의 소스가 잘 배어들고 식물이 자리잡고 자라듯이 뿌리를 내리지 못했고 견실함을 갖지도 못했으며, '지혜'를 통해 중국에서 전개된 반-철학과 이런 철학의 반-이접적 논리에 의해 다시 묻히게 되었는가? 왜냐하면 묵자의 합리주의는 그것이 사장(死藏)된 지 2000년도 더 지난 뒤 중국인들이 서양의 형식 논리에 대한 지식을 접한 20세기 초에 와서야 비로소 그들 스스로에 의해서 재발견되었기 때문이다.

이런 점을 통해 우리가 알 수 있는 것은 동서양의 대조를 경험의 차이가 아니라(더 나쁘게는 타자를 '그것은 중국적'이다 또는 '중국 것이다'와 같은 타자성 속에 가두는 '본성'이나 '정신구조'로서가 아니라) 이해 가능성 또는 가독성으로 생각해야 한다는 점이다. 각각의 통사론적 가능성과 마찬가지로 각각의 개념 장치는 특정 측면을 더 밝게 비추고 다른 측면을 그림자 속에 놓아두며 사유의 특정 가능성을 뚜렷하게 드러내고 촉진하는 반면, 다른 가능성은 개발되지 않은 채로 놓아둔다. 즉 각 개념 장치는 자기 습벽들의 생산력을 갖는다. 그런데 모든 관점은 그 습벽들로부터 각자가 사유하는 자기 관점을 갖는다. 이처럼 중국은 실재에 대한 운행의 특성을, 특히 그 이행과 지속적인 변천의 측면을 더 밝게 비추었다. 반대로 유럽은 모델 그리고 실재에 형상을 부여하는 모델의 능력을 더 밝게 드러냈다. 물리학의 성공을 이룬 수학적 모델화와 그 적용은 이 같은 측면의 대표적인 사례이다.

8) 편견의 상류에서의 선(先)-범주화

이 주제에 대해서는 이제 모호함이 없다. 중국을 지식의 세계로 만들자는 것이 아니다. 물론 중국을 통한 우회는 끝나지 않으므로 지식이 무한정 필요하기는 하다. 오히려 중국을 사유의 도구로 만드는 것이 관건이다. 즉 열어야 하는 서랍을 하나 더 추가하는 것이 아니라(중국은 얼마나 큰 서랍이겠는가!) 활용해야 할 간극의 효력이 관건이다. 중국은 폭로자의 역할을 함으로써 유럽적 모험과 유럽철학의 뚜렷한 특징을 더 잘 지각하게 해준다. 철학을 넘어서 그리고 인문학과 관련하여 언어학에서 인류학에 이르기까지 다른 문화의 경험은 단지 특수한 분류 항목 아래 고려되었고, 따라서 고립된 방식으로만 고찰되었으므로 인문학은 전반적으로 오직 서양의 경험으로부터만 구상되었기 때문에 사유를 재범주화할 기회가, 나아가 그렇게 할 의무가 우리에게 주어진 것이다. 이 같은 작업의 효과는 철학을 동요 시키는 것이다. 철학을 정돈된 자기 질서에서 빠져나오게 하고, 자기 개념과 질문의 장치로부터 빠져나오게 할 뿐 아니라 특히 철학이 자기 역사의 내부에서는 바라볼 수 없었던 질문을 따르도록 하는 것이다. 이러한 점이 바로 중국을 거쳐 나아가는 이행을 정당화해주는 것이다. 내가 질문하는 것이 있고, 또 그것으로부터 내가 질문을 던지게 되는 그래서 내가 질문을 할 수 없는 것이 있다. 요컨대 어떻게 자기 사유의 조건들로 거슬러올라가는가? 이를 위해서는 술책, 편차, 전략이 필요하다. 그렇기 때문에 줄리앙은 그리스에서 출발해 중국을 통한 그토록 긴 우회를 시도한 것이다.

마치 자신 이전에는 철학이 없었던 것처럼 사유했던 데카르트가 알려주는 것과 같은 '정신을 지도하기 위한 방법'이나 '규칙들'은 이 점에 대해서는 충분하지 않다. 이런 방법이나 규칙들은 선입견에서 해방시키거나 '교활한 악령'의 가설을 제거하는 데는 충분하지만, 철학적 작업이 시작되자마자 빠지게 되는 덫을 해체하는 데는 충분하지 않다.

다시 말하면 선입견에 대한 데카르트적 개념은 선입견을 그 조건에서 빠져나오게 하는 데 불충분하다. '선입견'의 상류에는 줄리앙이 연루된 것이라고 일컫는 것이 있다. 왜냐하면 문제들은 판단의 단계에서가 아니라 더 앞서서 '사유 가능한 것'이 결합되는 방식에서 시작되기 때문이다. 따라서 '선입견'의 상류에는 선(先)-질서, 선(先)-질문, 선(先)-범주화가 있다. 선입견(先入見, pré-jugé)에서 '입견(jugement)'을 이루는 '판단'은 참되든 그르든 또 명확하든 아니든 그 자체로는 나중에 등장하는 것이다. 데카르트는 자신이 언어(라틴어-프랑스어)로 말하고 사유한다는 점에 대해서는 의혹조차 갖지 않는다. 데카르트는 자신의 사유가 얼마나 선행 장치 속에 있는지에 대해서도 의심하지 않는다. 이런 점은 수학의 이상, '관념', '진리'의 개념 등 여러 각도에서 볼 때도 마찬가지이다.

'의혹'은 니체와 함께 서양인에게서 나타났다. 니체는 철학에 대해 꿈조차 꾸기 전에 먼저 언어학자가 되어야 한다는 것을 알려주었다. 그는 "괴이한 계통의 분위기가 인도, 그리스, 독일 철학들을 연결하고 사유를 미리 규정된 장치 속에 넣는다"라고 이야기했다. 그래서 '세계에 대한 해석의 다른 가능성들'은 동일한 이론적 '회로'들을 지치지 않고 다시 통과할 수밖에 없는 '격세유전'에 의해 길이 막혀버렸다. 니체는 『선악을 넘어서』에서 다음과 같이 이야기하고 있다. "다양한 철학적 개념들은 자의적인 것이 전혀 없다. 그것들은 각각 별도로 전개되는 것이 아니라 서로 간의 관계 속에서 그리고 계통 속에서 전개된다. 사상사에서 그런 개념들의 출현이 극히 급작스럽고 우발적으로 보일지라도, 그것들은 특정 대륙의 무리의 표본들처럼 동일한 체계에 속한다. 이런 것이 바로 어떤 안전성 속에서 나타나는 것으로서, 이 안전성과 함께 가장 다양한 철학자들이 선행하는 특정 도식의 내부에서 그들의 자리를 차례로 차지하는 것이다." 철학의 개념은 아무리 주도면밀할지라도 특정 대륙의 무리의 표본들처럼 동일한 체계에 속한다. 간단히 말하면 철학 체계는 니체가 알려주듯이 환경 체계이다.

푸코는 일본의 선(禪)불교 사찰에서 철학의 미래 및 동양 사유가 자신에게 기여할 수 있는 것이 무엇일지 질문을 받고 우리 시대는 그 어떤 거대한 체계도 이루어낼 수 없다고 단언했다. 이와 관련된 분위기는 널리 알려져 있고, 이 같은 주장은 여러 번 공표되었다. 즉 철학의 죽음 말이다. 반대로 그는 인간학 또는 정신분석학 그리고 유럽과 비유럽 사이의 '충돌'로부터 철학을 재검토할 것을 주문했다. 줄리앙에 따르면 지성적 차원에서 볼 때 맞대면을 통해 구성되고 사유를 마주하는 데 기여하는 첫번째 '비-유럽'은 중국이다. 그러나 중국으로부터 어떤 사용법을 희망할 수 있는가? 먼저 거대한 대륙의 끝에서 전개된 이 사유로부터 그것이 서양에 결여된 것을 서양에 제공할 것이라고 기대하는 점을 경계해야 한다. 마치 '동양'이 유럽의 합리주의의 이면일지 모를 그리고 이로부터 유럽을 구해줄 신비주의의 새로운 발견을 담지하고 있는 것처럼 말이다(환상의 대상으로서의 동양, 최악으로는 '영적 지도자'로서의 동양 등). 이와 반대로 이 바깥의 사유가 (유럽) 철학에 자신을 반성할 수 있는 기회를 제공하도록, 이미 파스칼이 이야기했듯이 자료를 앞에 놓고 작업해야 한다.

9) 이데올로기적 쟁점: 보편 또는 단형

줄리앙은 탐구의 출발점에서 사람들이 기대했을 수도 있는 이데올로기적 쟁점으로부터 탐구를 해방시키려고 노력했다. 그러나 작업 과정에서 이데올로기적이고 심지어 정치적인 새로운 쟁점이 드러난다. '세계화'의 사유 시대에 위험은 보편과 단형을 혼동하는 것이다. 보편은 이성의 개념이고 필연성을 확립하는 반면, 단형은 오직 표준과 범용의 편리성에 의해서만 정당화되는 대량생산의 개념이다. 그런데 이 둘을 동일하게 간주하는 것은 다가올 세계의 공통어라고 하는 표준 언어(예를 들어 글로비시 같은 사생아적 영어)로 이루어지는 사이비 논쟁, 즉 ('국제적인' 음식을 말하듯이) 국제적인 '위대한 논쟁'으로 우리를 이끌게 될 것이다. 오늘날 확인할 수 있듯이 표준 언어는 중국 사유를 상실하게 만든다. 왜냐하면 중국 사유는 ('주체적'-'객관적', '추상'-'구체' 등) 본래 서구의 것인 세계적 용어들로 옮겨지면서 이제 중국 사유 자체에서도 이해 불가능하게 되어 더이상 자신을 이해하지 못한다.

더욱 심각한 것은 다음과 같다. 보편주의의 색채 아래 확산되지만 실질적인 재범주화에서 비롯되지 않은 이런 단형화는 역으로 특수한 배타주의, 나아가 가장 완강한 파벌주의를 되살아나게 할 수 있을 뿐이다. 느슨한 합의에 기반한 지구적 이데올로기는 숙명적으로 그 억압된 측면을 가지게 된다('일본혼魂' 등). 또한 중국을 거쳐 나아가고 중국을 맞대면 상대로서 사유하는 것은 (사유의 이질성의 기회를 소실되게 놓아두지 않는) 분란을 재구성하려는 의도이다. 그러나 이는 원리상 공통적인 이해 가능한 것의 한가운데에서 그렇게 하는 것이다. 문화를 이루는 다양한 이해 가능성이 있지만 이러한 가능성은 서로 바라보는 동시에 서로를 이해하도록 이끈다. 이는 대화, 즉 유명한 '문화 간 대화'의 조건을 진정한 의미에서 열어젖히는 것이 관건임을 이야기하는 것이다. 대화를 위해서는 차이의 갈라짐(dia), 입장과 개념의 갈라짐과 동시에 '로고스(logos, logue)'가 필요하다. 그렇지 않으면 폐쇄적이므로 어리석은 자기동일성이 단지 부수적인 동어 반복을 통해 재구성될 위험이 있다. 문화 간의 대화는 또한 사유를 다시 긴장되게 함으로써 반대의 경우 그 순응주의로 인해 빠지게 될 지루함으로부터 벗어나게 하는 방식이기도 하다. 그래서 줄리앙은 오늘날 동아시아와 미국에서 매우 유행인 다가오는 세기를 위해 약속된 문화 간의 최종적 종합으로 귀착되는 동양과 서양의 위대한 결합 이념은 그에게 별 감흥을 주지 않음을 강조한다. 줄리앙은 논의를 시작하면서 중국이 가장 다르다고 주장하지 않는다고 이야기했다. 그러나 그는 자신을 밀어넣은 이론적 불편함을 통해 사유 안에 간극을 구축하기로 선택한 것이다. 동서양의 종합이 아닌 간극은 대화를 가로막는 것이 아니라 오히려 대화의 조건이다.

2. 문화적 대화

줄리앙은 동서양의 맞대면을 통해 사유에 간극을 산출하는 작업의 의미를 다음과 같이 압축한 바 있다.

> 철학자로서 그리스에 뿌리를 둔 나는 중국을 통해 나아감으로써 유럽 사유를 다시 조망하기 위한 간극 또는 거리두기의 지점을 발견한다. 알다시피 인생에서 실천하기 가장 어려운 것 중 하나가 자신의 정신과 거리를 두는 것이다. 그런데 중국은 우리의 기원이 되는 사유와 다시 거리를 두고 그 사유의 계보와 단절하며 바깥으로부터 그 사유에 대해 질문하도록 해준다. 달리 말하면 중국은 유럽의 기원이 되는 사유의 자명성, 즉 그 사유를 사유되지 않게 하는 것에 대해 의문을 제기하도록 해준다. 내가 보기에 이처럼 중국을 통해 나아가는 것은 두 기능을 갖거나 또는 두 방향에서 전개된다. 그것은 우회와 회귀이다. 첫번째 단계인 '우회'는 사유의 낯설음이 무엇일 수 있는지 체험해보는 것이다. 실제로 철학사를 벗어날 때, 특히 존재, 신, 자유 등과 같은 서양의 주요 철학구성요소들을 벗어날 때 사유에 발생하는 일은 무엇인가? 또한 이것들을 유기적으로 연결하는 주요 인도유럽어를 벗

어날 때는 무슨 일이 발생하는가? 갑작스럽게, 단숨에 서양의 철학구성요소들을 불안정하게 하는 이 동요는 무엇인가? 그러나 우회는 회귀를 요청한다. 물론 나는 중국 읽기를 멈추지 않기 때문에 이 우회는 끝나지 않지만 말이다. 회귀는 철학으로 되돌아오는 것을 말하는데, 이는 철학이 묻지 않는 것을 통해 철학 자체에 질문을 던지고 철학의 편견들을 탐색하기 위해서다. 회귀는 유럽적 이성을 지탱해주는 은폐된 암묵적 선택을 중국이라는 바깥을 통해 간접적으로 조명하는 것을 말한다. 이런 암묵적 선택은 은폐되어 있기 때문에 유럽적 이성이 질문을 던질 수 없는 것이다. 내가 생각하는 것도 있지만 또한 그것으로부터 내가 생각하는 것, 그렇기 때문에 내가 생각하지 못하는 것도 있다. 이처럼 중국은 간접적 방식으로 작동하는 일종의 외부 발판을 우리에게 제공한다. 이를 통해 우리는 우리 사유의 사유되지 않은 점으로 거슬러올라가려고 시도할 수 있다. 또 우리가 당연한 것처럼 우리 정신 속에서 통용시키지만 중국이라는 바깥을 통해 재발견되어 다시금 놀랍고도 매혹적으로 느껴지며 우리로 하여금 다시 사유하게 해주는 것으로 되돌아올 수 있다. …… 나는 사유를 불안하게 하려고 이론적 작동장치(그리고 폭로자)로서 중국에 의거한다. 이로써 우리 정신 속에 다른 가능성들을 열어놓고 그 결과로 철학을 재가동시키는 것이 내 목적이다(『전략: 고대 그리스에서 현대 중국까지』, 14~16쪽).

우리가 길게 살펴본 '바깥으로부터의 해체' 말미에서 줄리앙은 동서양의 '종합'이 아닌 간극이 오히려 문화적 대화의 해법임을 강조하면서 끝까지 간극 개념을 유지한다. 그러나 간극이 어떻게 문화적 대화의 조건일 수 있는가? 문화 간의 간극은 인류를 갈라놓는 분란의 요소가 아닌가? 줄리앙은 이와 같은 질문에 답하기 위해 동서양을 맞대면시키는 작업을 문화 자체의 관점에서 다시 개념화하는 문화론을 제시한다.

1) 문화적 정체성과 복수성

문화를 넓은 의미로 규정하면 그것은 일정한 사회적 전체를 표현하고 이에 속하는 개인들의 실존이 구체적 형태를 갖도록 삶의 틀을 제공하는 기능적·규범적 측면에서 제도들의 총체라고 할 수 있다.[2] "이런 관점에서 볼 때 문화는 그 객관적 실재 속에서 이해된 사회 자체, 그 일원으로 속한 개인들에게 실존의 일정한 유형을 부과하는 사회 자체와 다름없다."[3] 이처럼 이해된 문화에는 당연히 인식 체계와 기술 체계 및 정치적·경제적 성격의 제도들도 포함된다. 물론 좁은 의미에서의 문화는 특정 사회에서 개인의 감수성과 비판적 감각, 지식 능력, 창조

2 Jean Ladrière, *Les enjeux de la rationalité*(합리성의 쟁점), Québec, Liber, 2001, pp.69-70. 장 라드리에르(1921~2007)는 수학, 논리학, 과학, 철학, 사회과학, 신학 등에 이르기까지 650여 편에 이르는 방대한 연구 성과를 내놓은 중요한 현대 철학자이다.

3 Ibid., p.69.

적 역량 등 각자의 인격 발전에 기여하는 모든 분야의 총체라고도 할 수 있다. 다시 말해서 문화는 인간적 삶의 총체적 터전을 구성하는 것이다.

동아시아는 문화적 차원에서 200여 년 전과 달리 다원적인 모습을 띠게 되었다. 동아시아의 문화는 동서교섭이 본격화되고 전례 논쟁, 종교적·정치적 갈등 등의 복잡한 과정을 겪으며 결국 대부분의 영역에서 서구적 근대성을 수용하면서 서구적 색채를 강하게 나타내게 되었다. 더 정확히는 서구를 수용하기 이전의 문화와 서구문화가 착종된 형태가 오늘날 동아시아 사회를 특징짓는다고 할 수 있다. 물론 '근대성'과 서구화를 동일시할 수 있는지에 대해서는 깊은 논의를 펼칠 여지가 있지만, 유교 체제에 기반을 둔 동아시아의 문화적 동질성이 서학(西學)을 맞이하면서 자의든 타의든 간에 중요한 변동을 겪게 된 것은 분명하다. 일례로 조선 후기 사회는 17세기 초부터 중국을 통해 전래된 한역서학서(漢譯西學書)를 통해 서학과 학문적으로 접촉한 이래로 대량 살상을 동반한 150여 년 간의 혹독한 문화적 갈등을 겪었다. 또한 타문화 수용의 축적을 균형 있게 이루지 못함으로써 문화변동의 적극적인 주체로서가 아니라 개항에 떠밀려 문화변동을 수용할 수밖에 없었다.

역자가 주목하는 것은 동서교섭 과정이 문화 간의 충돌 양상을 보였고, 우리에게 문화적 대화의 방향을 논구해야 할 과제를 부과한다는 점이다. 오늘날 여러 열강들의 위상은 각기 변화했지만 우리는 여전히 그들에게 둘러싸여 있으며, 그들의 문화와 여러 방식으로 관계를 맺고 있다. 세계화라는 거시적인 주류 자본주의 이념을 중심으로 동서양의 여러 이념이 갈등하는 형국은 여전하다. 다양한 이념들을 수용하면서 문화적 갈등의 문제는 여러 방식으로 상존하고 있다. 달라진 것이 있다면 세계의 다양한 문화적 자원들을 해식할 사상의 자유를 누리고 있다는 점이다.

줄리앙은 세계화에 균열을 일으키고 세계화를 역이용함으로써 문화 간의 대화 방법을 개념화하고자 한다. 줄리앙은 『문화적 정체성은 없다』의 서문을 다음과 같이 시작하고 있다. "오늘날 문화적 정체성은 민족주의의 회귀와 세계화에 대한 반작용을 통해 그 요구가 세계 곳곳에서 강력히 인정되려는 경향이 있다." 이런 진단은 한국의 상황에도 정확히 적용될 듯하다. 2014년 제정된 「지역문화진흥법」 제2조에서는 지역문화를 "지방자치단체 행정구역 또는 공통의 역사적·문화적 정체성을 이루고 있는 지역을 기반으로 하는 문화유산, 문화예술, 생활문화, 문화산업 및 이와 관련된 유형·무형의 문화적 활동"으로 정의하고 있다. 나아가 지역문화에 대한 많은 연구는 '지역문화 고유의 원형', '지역 정체성', '정체성 확립' 등의 개념들을 지역문화가 당연히 추구해야 할 지향점으로 설정하고 있다. 예를 들어 강원 지역문화의 여러 측면을 연구한 저작에서 대부분의 저자들은 지역 정체성을 지역 또는 지역문화 연구가 지향할 당위와 목표인 것처럼 자연스럽게 인정하고 있다.[4] "지역문화는 지역의 정체성과 공동체를 확립하는 중요한 자원", "지역의 문화적 정체성을 정립하는 것은 지역문화의 내용과 성격, 미래의 발전 방향을 가늠할 수 있는 중요한 단계", "지역 축제가 양산되고 있는 것은 지역 정체성 확립, 지역사회 통합, 지역문화 발전, 지역경제 활성화라는 지방자치의 현실적인 필요성에 지역 축제가 효과적으로 대응하는 수단이 되고 있기 때문", "지역의 이미지를 바꾸고 지역문화 정체성을 찾고 지역의 미래를 책임질 새싹들에게 미래의 최대 무기가 될 창의성" 등의 표현들은 지역문화의 활성화를 위해 지역 정체성의 확보가 필수적이라는 점을 강조하는 것으로 보인다. 이처럼 지역문화와 관련된 국가 공식 문서에서 '문화적 정체성'을 전제하고 있고, 해당 연구들에서도 '지역 정체성' 확보는 당연한 과제인 것처럼 표명되고 있다.

만일 '정체성'이라는 개념이 실질적 의미가 결여된 수사에 불과하다면 모르겠지만 이미 국가 공식 문서에서 '문화적 정체성'이 강조되고 있고, 또 나아가 많은 문화 연구에서도 이 개념을 지역문화 발전의 수단이나 방향으로 설정하는 것을 볼 때 '정체성'이라는 용어를 공허한 표현으로 간주하는 것은 무리가 있어 보인다. 이런 관점에서 『문화적 정체성은 없다』라는 제목은 많은 문화 연구자에게 도발적으로 다가올 것이다. 줄리앙

4 강원사회연구회, 『문화의 세기와 강원문화』, 한울아카데미, 2006.

은 '문화적 정체성'을 논의할 때 먼저 주체와 문화의 관계에 대해 규명할 것을 요구한다. 우리는 '문화'를 언술할 때 상식적 차원에서 '소유사(所有詞)'를 별다른 거부감 없이 사용한다. 그래서 '한국 문화', '강원도 문화', '경상도 문화' 등과 같은 통상적 표현들이 아무 문제를 내포하지 않는 것처럼 유포되고 있기 때문에 '지역 정체성' 또는 '지역문화의 정체성'과 같은 개념도 연구자들 사이에서 별다른 문제의식 없이 자연스럽게 통용되는 것으로 보인다.

그러나 문화가 소유의 대상일 수 있는가? 소유가 공유를 배제하는 개념이라고 할 때 문화는 공유를 배제하는 소유의 대상일 수 있는가? 우리는 문화를 '자신의 문화'로 정립할 수 있는가? 줄리앙에 따르면 문화적 정체성의 개념은 남용을 통해 가정된 것으로서 개인적 차원에서 정신분석학이 규정하는 '동일화' 또는 '동일시(identification)'의 원리와 혼동되면서 그 기반이 다져진 것이다. 실제로 정신분석학에서 '정체성' 또는 자기동일성은 주체의 자아 형성과 관련이 있다. 예를 들어 아이는 아버지와의 관계에 대해 늘 양면적 감정을 가지고 있지만, 아버지와 자신을 동일시하면서 성장하고 아버지의 이미지를 매개로 자아를 형성한다. 그러나 문화에 관해서는 사정이 다르다. "정체성은 **개별적**이고 **주체적**인 것으로 정당화되는 것이지 문화의 경우처럼 **집단적**이고 **객체적**인 것으로 정당화되는 것이 아니다"(『문화적 정체성은 없다』, 60쪽).

문화는 집단적 창조일 뿐 아니라 끊임없이 다양화되고 이질화되는 것이므로 '아버지'와 같은 개별적 인물상으로 환원될 수 없다. 문화적 갈등은 문화에 내재되어 있는 속성이기 때문에 갈등 자체를 제거하려고 시도하는 것은 불가능하다. 이런 관점에서 줄리앙은 문화가 모순적인 이중 운동에 의해 작동한다는 점을 적절히 강조한다.

> 항상 문화는 동질화되는 동시에 이질화된다. 항상 문화는 융합과 분리, 탈동일화와 재동일화, 순응과 저항, 부과(지배)와 불화로의 진입을 겪는 과정에 있다. (……) 따라서 문화의 복수성은 세계의 문화들을 단일한 현상에 대한 그만큼의 변주 또는 심지어 견본으로 만드는 것처럼 부차적 양상으로 이해되어서는 안 된다. 한 국가의 경우든 세계 전체의 경우든 어떤 문화가 단수 형태로 문화 자체가 된다면 그 문화는 이미 죽은 문화이다.[5]

문화는 본질적으로 복수적 성격을 내재하고, 인류가 유일무이의 문화를 향해 나아가는 일은 불가능할뿐더러 설령 가능하다고 해도 그것은 우리의 의식을 소멸시킬 뿐이다. 그렇기 때문에 문화적 간극과 갈등을 관리하는 것은 우리의 삶, 학문 및 사회 운영에서 중요한 과제이다. 줄리앙은 『보편, 단형, 공통 그리고 문화들 간의 대화』에서 다음과 같이 강조하고 문제의식을 설정한다. "복수적인 것은 문화와 불가분의 관계를 이루고 따라서 유일한 문화를 향하고 있는 인류를 꿈꾸어서는 안 된다면(이 경우 그 유일한 문화에서는 의식이 소멸될 것이다), 문화들의 간극을 관리하기 위해 이들 간에 어떤 관계를 추진해야 할 것인가?"(243쪽)

문화는 항상 융합과 분리, 탈동일화와 재동일화, 순응과 저항, 지배와 불화 등의 이중성을 갖기 때문에 주류 문화는 다른 문화를 억압하면서 나타난 것이며, 반드시 억압된 문화들의 반작용이 일어나게 되어 있다. 물론 특정 문화는 확산 과정을 통해 동질화를 구현해나간다. 그러나 (불가능한 가정이지만) 만일 절대적인 동질화가 실현될 경우 그래서 인류 전체가 단일한 문화를 따를 경우 의식(意識)은 상실되고 사물들의 분별도 사라질 것이다. 모든 문화는 힘의 관계이다. 다시 말하면 특정 체계가 지배적인 위치를 점하는 것은 다른 체계를 약화시킬 때 가능한 일이다. 어떻게 보면 문화는 상반되는 두 작용을 통해 발전한다. 문화는 동일성을 향하는 동시에 다양화되고, 용해되어가는 동시에 분리되어간다. 문화의 본질은 지배적인 문화로 상승하는 동시에 분란을 겪는 데 있다. 이와 같은 문화의 본질을 외면하고 특정 체계가 이데올로기화되는 것을 항상 경계해야 한다.

---

5 François Jullien, "Diversité culturelle et ≪dialogue des cultures≫"(문화적 다양성과 '문화들의 대화'), in *L'archipel des idées de François Jullien*(프랑수아 줄리앙 사상선집), Editions de la Maison des sciences de l'homme, 2014, pp.63-69, pp.63-64.

'문화(文化)'라는 단어의 '화(化)'가 나타내듯이 문화는 본래 '변화'를 내포하고 있으며 따라서 복수적이다. 나아가 문화의 복수성은 단지 '양상적 변화', 즉 모종의 보편 문화가 가정되고 그것이 여러 모습으로 재현, 변주되는 방식으로 이해해서는 안 된다. 이런 방식은 보편성의 완성과 구현의 명목으로 부당하게 주장될 수 있는 만큼 더욱 위험하다. 이는 오히려 보편성의 반대이며 보편성에 대한 일종의 도착(倒錯)이다. 또한 이는 같은 형태가 반복되는 획일성 또는 단형성(單形性, uniformity)으로서 규격 및 틀에 불과하다. 단형은 똑같은 형태로 만들어진 것들의 반복에 불과하며, 생산가격이 가장 저렴한 것일 뿐이다. 단형성은 필연성이 아닌 편리성에서 비롯되는 것이다.

오늘날 세계화로 인해 똑같은 것들이 재생산되어 전 세계로 유포되는 것을 볼 때 보편성과 단형성의 혼동은 더욱 위험하다. 똑같은 것들만이 보이고 그것들이 시야를 가득 채우기 때문에 우리는 그것들을 보편성의 합법성, 즉 원리의 필연성으로 인정하는 유혹에 빠지게 된다. 그러나 단형성의 확산은 시장의 확산에 지나지 않으며, 그 정당화는 오직 경제적인 차원의 것이다. 오늘날 기술과 매체의 수단이 발달하면서 삶의 양상, 물건, 상품, 나아가 담론과 의견의 단형성이 전 세계에 확산된다고 해서 그것들이 보편적인 것은 아니다.

요컨대 단형성은 '보편'의 이름으로 사유방식을 단형화하면서 문화의 본질과 삶의 의미를 상실하게 할 수 있기 때문에 매우 위험하다. 단형성은 생산의 편리성 및 경제성과 관련되는 개념이다. 동일한 물품을 대량으로 생산하는 것은 생산가격이 줄어들기 때문에 효율적이다. 사상이 획일화되고 단형화되는 경우도 마찬가지이다. 한 사상 체계의 심층적인 면을 총체적으로 섬세하게 들여다보지 않고 교조화하여 동일한 물품을 찍어내듯이 전파하는 것은 철학하는 대도가 아니다. 이는 오늘날 기술과 미디어의 발전으로 특정 '문화상품'들이 동일한 포맷으로 전 세계로 퍼져 청소년들의 상상력이 비슷해져가는 것과 크게 다를 바 없다. 삶의 기준과 규범의 영역에서 획일화를 통한 경제성 및 기능성이 우위를 차지하는 것을 경계하듯이 사유의 다른 가능성을 차단하는 일을 우려해야 한다. 같은 호텔, 같은 상품, 같은 음식, 같은 생각, 행복과 소비의 같은 방식 등으로 물질 영역뿐 아니라 정신 영역에서 단형화가 진행되고 있는 것은 아닌지 주시하고 모순을 드러내야 한다. 이 같은 단형성이 도달하지 못한 지역은 '낙후된 곳'이라고 평가하는 식으로 사유와 문화의 다른 가능성을 숨기려 하는 시도를 포착해내야 한다. 요컨대 특정 문화가 보편성의 이름으로 단형화되는 것을 경계할 필요가 있다.

보편성과 단형성을 혼동할 가능성은 문화적 정체성 '개념'의 탄생과 관련이 있다. 보편성의 이름으로 다른 문화권에 모습을 드러낸 서구 근대문명은 단형성의 위험을 촉발했고, 현재에 이르러서는 세계화로 인한 단형화의 위협이 타문화의 저항을 불러왔다. 그런데 보편성에는 두 가지 의미가 있다. 이 용어의 의미를 구분해 이해할 때 문화의 보편성 개념이 사회와 관련해 촉발하는 쟁점을 포착할 수 있다. 첫째, 약한 의미의 보편성이다. 이 약한 의미의 보편성은 경험과 확인의 차원이다. 즉 지금까지 관찰할 수 있었던 범위 내에서 사태가 항상 그러하다는 것을 확인하는 것이다. 둘째, 강한 의미의 보편성, 즉 엄밀성으로서의 보편성이다. 서양 전통에서는 이런 의미의 보편성이 사유의 조건으로 여겨졌다. 다시 말해서 경험을 통해 확인하기 이전에, 나아가 경험적 확인에서 벗어남으로써 어떤 사태가 반드시 그러해야만 함을 주장하는 것은 엄밀한 의미의 보편성에 의거할 때 가능하다. 이 같은 보편성은 '늘 그러하다'는 약한 의미의 보편성이 나타내는 일반성이 아니라 '그러하지 않을 수 없다'는 필연성을 내포한다. "이런 '보편'은 일반성에서뿐만 아니라 필연성에서도 비롯된다. 이 보편은 일어난 일이 아닌 (선험적) 법에 속한다. 비교가 아닌 절대로서의 보편이며, 외연이 넓다기보다는 명령의 가치를 지닌 보편인 것이다. 그리스인들은 바로 이와 같은 강하고 엄정한 의미의 보편에 근거해 과학의 가능성을 확립했다. 고전시대의 유럽은 바로 이런 보편에서 출발해 (뉴턴처럼) 그것을 수학에서 물리학으로 이동시킴으로써 '자연의 보편적 법칙들'을 잘 알려진 성공과 더불어 구상해냈던 것이다"(『문화적 정체성은 없다』, 16쪽).

실제로 수학과 기하학은 보편성의 모델로 기능했다. 유럽의 고전과학은 먼저 수학화에 기초했고, 물리와 기술 영역에 수학을 실천적으로 적용함으로써 세계를 물질적으로 변형시키고 그 효율성을 보증하게 되었다. 이와 같은 과학적 보편성은 타문화와의 대면 관점에서 서양의 힘을 드러내는 요소가 되어 왔다. 예를 들어 14세기까지만 해도 모든 면에서 유럽과 대등하거나 유럽보다 우위에 있었던 중국이 15세기에서 16세기부터 현저하게 뒤처진 것은 유럽이 과학적 보편성에 효율성을 부여했기 때문이다. "그리스에서 발생하였지만 갈릴레이에 와서 갑자기 모든 결과를 낳고 데카르트와 뉴턴을 거쳐 유럽 전체를 관통하며 재도약한 위대한 이념은 '수학이 곧 언어'라는 이념이다"(『전략: 고대 그리스에서 현대 중국까지』, 24쪽). 물론 필연성에 기초한 이런 보편성의 개념은 서구 내에서 근대성을 분열한 것이 사실이다. 과학을 가능케 하고 논리적 필연성을 자연현상에 적용하고 수학을 물리학에 적용하게 해줌으로써 과학을 가능케 한 이 엄밀한 보편성이 행동과 윤리 영역에서도 타당한지에 대한 질문이 제기되었기 때문이다. 예를 들어 보편성을 요청하는 칸트의 도덕과 전적으로 개인적 차원의 내적 경험을 요청하는 니체나 키에르케고르의 관점은 근대성의 분열 양상을 보여준다. 그럼에도 불구하고 서구에서 '세계사(Universal history)' 또는 '세계박람회(Universal expositions)', '인권'을 이야기할 때 여전히 '보편성'은 전제되고 있는 것으로 보인다.

근대성에 대한 다양하고 상반된 관점에도 불구하고 16세기에서 17세기에 정초되기 시작한 서양의 근대적 합리성이 19세기 제국주의시대 이후 세계 전체에 표준화되면서 보편성의 모델은 세계의 가장 특징적인 측면이 된다. 문제는 이와 같은 보편성이 문화 영역에 적용될 수 있는지의 여부가 검증되지 않은 채 세계화가 자유주의, 신자유주의를 더욱 강화하면서 확산되어왔다는 것이다. 나아가 도구적 합리성은 경제적 효율성과 맞물리면서 급기야 단형화로서 제3세계 문화를 위협해왔다. 이런 맥락에서 '민족주의의 회귀', '지역 정체성', '지역연구', '지역문화' 등의 배경을 살펴야 한다. 거시적으로 볼 때 문화적 정체성, 지역 정체성 등의 개념은 전 세계적 상황과 맞물려 있다. 세계화 또는 지구화 경향은 문화의 서구적 단형화로 인한 제3세계 문화의 붕괴 우려를 낳았고, 이에 따라 '지역(local)'문화와 문화적 다양성의 보존과 같은 당위성이 대두되어왔다. 나아가 이 같은 지구화 경향이 일국적 차원으로 이전되고 굴절되면서 나타난 수도 집중화정책은 중앙과 지방의 격차를 벌려놓았다. 결국 지방자치제의 시행과 더불어 중앙 중심적 발전방식을 지역의 중심화로 전환하는 지역문화의 중요성이 강조되어온 것이다.

엄밀한 검증을 거치지 않은 보편성에 기초한 특정 문화가 주류 문화 또는 중심 문화라는 명목으로 문화를 '단형화'하려는 입장은 문화의 본질인 복수성과 유동성을 간과한 침략적 문화보편주의이며, 이에 대한 저항은 원칙적으로 타당하다. 문화는 주체가 자신을 문화와 동일시할 수 있는 단일한 특징을 가진 대상이 아니다. 주체는 문화를 학습하며 습득해나갈 뿐, 문화와의 자기동일시를 통해 자아의 정당성을 확보하는 것이 아니다. 문화는 주체가 자아의 이미지를 구성하는 데 사용하는 원형적 이미지가 아니다. 만일 주체가 문화를 자신의 이미지를 형성하는 데 사용한다면 이는 전체주의의 도착적 퇴행이 된다. 나치주의가 그 사례가 될 것이다. 나치주의뿐 아니라 모든 극단적 전체주의의 도착이 여기에 있다.

문화적 단형화에 대한 저항이 타당성을 확보한다고 할 때 결국 이 저항의 수단 및 귀결은 문화적 정체성이 아니겠는가? 문화가 인간적 삶의 총체적 터전을 구성하는 것이며 따라서 해당 문화권 삶의 바탕이라고 할 때 세계화 및 중앙 집중화로 인한 지역문화의 종속화와 퇴화는 지역민의 삶을 위협하는 요인이다. 그러므로 추구해야 할 것은 문화적 정체성 확보를 통한 자기 문화의 고수와 확산이 아닐까?

2) 문화보편주의와 문화상대주의

보편성을 내세우는 문화보편주의와 단형화에 대한 저항으로 '주변' 또는 '지역'의 문화적 정체성을 추구하는 것은 당위인 것처럼 보인다. 그러나 모든 반작용이 선행작용과 분리될 수 없듯이 '지역'문화의 정체성 추구가 중앙 문화의 논리를 답습할 위험은 언제나 존재한다. 작용과 반작용의 순환주기가 마무리될 때 새로운 순환주기는 선행하는 것을 이어받아 다시 시작되기 때문이다. 작용과 반작용의 법칙이 정식화된 물리학에서와 달리 역사적·사회적 현실에서 이 법칙은 뚜렷이 포착되지 않을 때가 많지만 구체적인 삶과 사회에서도 모든 사태는 작용과 반작용이 혼합되어 있다. 문화와 관련해서도 작용과 반작용의 역학관계를 어떻게 조절하느냐에 따라 해당 문화는 건강성을 유지하거나 병들어간다.

문화 연구에서 특히 벗어나야 할 위험은 문화보편주의(universalisme)와 문화상대주의(culturalisme)의 딜레마이다. 문화 연구에서 중심과 지역을 구분하는 이분법은 낯선 방법은 아니며, 대부분의 연구는 중심을 기준으로 지역을 바라보는 관점을 유지해왔다. 이는 중심과 주변의 이분법이 비판의 대상이 될 때도 마찬가지이다. 그러나 중심과 주변의 이분 논리는 문화보편주의나 문화상대주의의 딜레마로 유인할 위험이 있다.

먼저 문화보편주의는 공통된 가치를 보유한 보편 문화가 우선 존재하고, 그것이 개별 문화에서 변주(variation)된다는 입장이다. 그러나 이는 중심과 주변의 이원성을 극복할 수 없게 만드는 침략적 주류 문화 논리에 불과하다. 또한 세계화에 의해 부과된 단형화의 체제에서 문화들 간의 관계를 '자기화' 또는 동화(同化)에 의해 생각하게 할 위험이 있다. 이와 관련해 줄리앙은 문화 연구를 더욱 철학적인 차원으로 옮겨 문화보편주의자들이 '보편개념'으로 내세우는 '인간 본성'의 개념을 비판적으로 논의한다. 인간 '본성'의 개념은 오늘날 세계화의 철학적 토대를 이루는 인본주의의 이름으로, '인간'의 단형성을 전 세계적으로 산출하는 자기-반영이나 자기-투사(投射)와 크게 다르지 않다. 개념화된 '인간'은 원리로 정립된 정의(定義)를 요구하며 이에 따라 탐험적 특성을 상실하고 고착화된다.

이에 반해 문화상대주의는 다양한 개별 문화가 서로 분리된 고유의 특수성을 갖는다는 입장이다. 그러나 이 입장은 개별 문화가 침범할 수 없는 고유성을 지닌다는 관점으로서 이른바 보편 문화를 암묵적으로 상정하고 있는 대항 담론이며, 중심과 주변의 이분법을 전제한 패권주의의 변종이다. 문화상대주의는 문화적 정체성, 지역 정체성 개념의 가공 및 활용과 분리 불가능한 담론으로서 그 연원을 멀리까지 살펴볼 필요가 있다. 문화상대주의는 문화보편주의의 그늘에서 벗어나지 못한 관점으로서 오늘날 널리 확산되고 있는 세계화의 19세기 버전이라고 할 수 있는 제국주의적 맥락에서 바라보아야 한다. 16세기부터 본격화된 동서교섭이 '전례 논쟁' 등으로 인해 중국 황제와 교황청 간의 정치적 갈등으로 중단된 뒤 서구 세력이 과학, 기술, 산업, 첨단무기 등의 근대문명을 앞세워 다시 동아시아로 쇄도한 역사는 널리 알려져 있다.

19세기 동아시아가 급작스럽게 마주친 서양의 개념들과 범주들은 문화 차원에서 문제를 야기했다. 유럽 선교사들이 16세기 중후반 동아시아에 들어왔을 때 그들의 존재-신학적 사유는 자기 고유의 사유 틀에 대부분 묶여 있던 동양 문사들에게 큰 영향을 주지 못했다. 그러나 서구 세력이 성경이 아닌 대포를 들고, 즉 과학과 무력의 결합체를 가지고 다시 찾아왔을 때 중국과 일본은 서양의 패권에 직면해 보편적인 것으로서 부과된 유럽적 개념들에 스스로를 맞춰야 했다. 그래서 동아시아 고유의 문화를 그 적합성의 근거도 불분명한 이론적 도구를 통해 다시 표현해야 했다. 동아시아 지식인들은 '철학(philosophy)', '형이상학(metaphysics)', '논리학(logic)', '미학(aesthetics)' 등이 동양 전통에도 있는지 찾아보아야 했고 동양의 사유를 주체와 객체, 추상과 구체, 질료와 형상, 존재와 빈위/속성 등으로 여과해 재고찰해야 했다. 또한 서양의 이론적 신화에 불과할지도 모르는 철학소(素)인 존재, 본질, 미, 절대진리, 창조 등을 자기화해야 했다. 국내의 서양철학 연구가들 역시 어느새 서양의 수많은 철학소를 체화해 무반성적으로 사용하고 있지는 않은지 자문할 필요가 있을 것이다.

서구적 언어의 틀로 걸러진 의미의 단형화에 대한 역작용은 더욱 심각할 수 있다. 그것은 다른 문화에서 주장하는 "소통 불가능성에 대한 확신"(『보편, 단형, 공통 그리고 문화들 간의 대화』, 256쪽)이다. 동아시아의 지식인들은 서구화에 맞서 마치 토착문화의 본질, 이방인들이 접근할 수 없는 신비로움 같은 것들이 있는 듯 자기 문화를 만들어내고 있지는 않은가? 중국의 중화성(中華性), 문화적 토착론/본토주의, 일본의 대화혼

(yamato damashii), 일본인론, 그리고 너무 서구적이라 판단되고 '문화적 생득'이 결여되었다고 판단되는 동양학에서 분리되고자 하는 '국학'으로의 회귀 등은 서구적 틀에 의한 억압의 표현 속에서 문화의 형용 불가능한 관념, 그래서 그 자체로 '본성'을 가지고 있다는 문화 관념을 내포한다. 한국 역시 '전통'의 이름으로 같은 전철을 밟아오지 않았는가? 환원 불가능한 불변의 근원성으로서의 한국 정신, 한국적 가치, 한국혼 등은 실재하는 것인가? 이런 시도들은 정치적 차원과 민족주의 등이 개입된 것으로서 문화의 이해 가능성을 박탈함으로써 문화 간의 대화를 가로막는다.

서구적 단형화에 맞서 나타난 반작용은 문화상대주의의 뿌리라고 할 수 있으며, 문화 연구를 딜레마의 함정으로 유인한다. 문화상대주의는 문화보편주의로 등장한 서구적 개념의 틀에 맞서 다른 문화들 고유의 특수성이 존재한다는 '소통 불가능성에 대한 확신'에 의거하기 때문이다. 예를 들어 이는 조선 후기 천주교 유입 과정에서 유교와 천주교라는 두 문화보편주의가 드러낸 교조성과 폐쇄성의 이면, 결국 대규모 살상을 동반한 비극으로 마무리된 동서 문화 마찰에 대한 반성이 결여된 태도의 이면일 뿐이다. 문화상대주의는 문화보편주의의 그늘에 여전히 머무는 담론이다.

문화보편주의와 문화상대주의의 딜레마는 일국적 차원에서 지역문화 연구에도 끈덕지게 따라다닌다. 중심과 주변의 이분법에 매몰된 지역문화 연구는 중앙 패권주의에 대항하는 지방 패권주의를 내세우며 주류 논리를 답습하거나, 규정되지 않은 지역적 특수성을 감상적으로 강조하고 지역성을 피상적으로 상품화하는 시도에 몰입해왔다. 이와 같은 문화상대주의는 문화적 정체성을 전제하는 문화보편주의의 역작용일 뿐이며, 이미 정체불명의 문화적 정체성을 가정하고 있다. 그러나 해당 문화의 정체성을 규정해야 할 때면 문화적 특성에 따라 구분했다기보다는 중심과 지방의 이분적 구도에 따라 구획된 행정 단위를 다시 기준으로 삼거나 그 문화권의 여러 자료를 병렬하게 될 뿐이다. 문화보편주의와 문화상대주의의 이분법이 야기하는 딜레마의 해결을 위해 제시되는 손쉬운 해법은 계량적 사고에 기초한 자본의 투입이다. 그래서 기존의 지역문화 콘텐츠에 대한 논의는 개발 위주의 관점이 지배적이었다. 지역을 특정한 방식으로 개발하고 그 안에 어떤 콘텐츠를 넣으면 얼마만큼의 부가가치가 생산된다는 근대적 효율성과 경제 논리는 문화 종사자들을 현혹시켜왔다. 이런 발상으로 급조되어 방치된 '단형적' 시설은 전국 곳곳에 널려 있다. 그러나 전시 행정적 발상에 기초한 일회성 문화 콘텐츠가 지역의 실질적 가치를 대변할 수 없음은 당연하다. 자본이 투여된 정책으로 지역문화 환경을 쇄신하는 것은 이른바 '낙후'와 '소외' 같은 주변성의 틀에서 벗어나게 하는 데 일조할 수 있겠지만 이는 지속적이고 실질적인 해법이 될 수 없다. 자본에 의한 문화정책은 지역문화가

애써 탈피하고자 했던 주류 문화 논리의 변주에 불과한 '주변의 재중심화'로 경도되고 다시 단형화의 늪에 빠질 뿐이다. 따라서 문화 연구를 위해서는 선진과 후진, 중심과 주변, 자아와 타자, 문명과 야만 등 자타의 관계에서 문화를 규정하는 문화보편주의의 관점에서 탈피하는 동시에 지역문화를 중심 문화에 대한 대항문화로 간주하고 지방 패권주의를 내세우며 주류 문화의 논리를 답습하는 문화상대주의의 위험을 경계해야 한다.

3) 문화적 대화

문화보편주의와 문화상대주의의 딜레마는 결국 두 입장 모두 문화적 정체성을 전제하고 있다는 것에서 비롯된다. 이 문제를 해결하기 위해 줄리앙이 강조해온 개념이 '자원(資源, ressources)'이다. '자원'은 줄리앙이 동서양을 맞대면시키는 30여 권의 저작을 출간한 후 2000년대부터 여러 저작에서 개념화해온 용어로서 2018년에 출간한 『기독교의 자원(Ressources du Christianisme)』에서는 자원이 자신의 철학에서 "핵심이 된 개념"(23쪽)임을 강조하고 있다.

복수성이 문화의 본질이라고 할 때 문화적 갈등을 어떻게 관리해야 할 것인가 또는 문화의 대화(dialogue)를 어떻게 조직해야 할 것인가가 관건이다. 줄리앙은 개별 문화들이 고유의 정체성을 보유한다는 입장을 지양하고, 문화를 자원 개념으로 대체함으로써 문화들 간의 대화 방법론을 준비한다. 자원은 고정된 대상이 아니라 '개척' 또는 '발굴', '활용'을 기다린다. 즉 문화자원은 누군가 소유하는 것이 아니므로 문화적 정체성은 존재하지 않는다. 자원은 발견하는 사람의 몫이므로 자원을 더 많이 발견할수록 더 많이 활용된다. 자원은 우리가 자원을 발굴하고 개발했을 때 비로소 실질적으로 현존하게 되는 것이다. 다시 말하면 문화적 자원은 '진리' 또는 고정된 '이념'이 아니다. 문화가 '진리'로 환원될 경우 단형화의 체계로 진입하는 것이고, 이와 같은 단형화나 획일성은 생산의 편리성 및 경제성으로 환원될 뿐이다.

단형화는 문화를 서로 배제하는 가치 체계로 간주하고 "집단적으로 자기동일적인 기능"(『보편, 단형, 공통 그리고 문화들 간의 대화』, 247쪽)을 통해 군집을 형성함으로써 문화들 간의 불관용을 낳을 뿐이다. 그러나 문화적 관용은 문화적 자원들 간의 간극을 없애고 융합을 추구하는 것이 아니다. 예를 들어 공식적인 행사에서 다원성의 명분으로 여러 종교의 의례들이 동시에 행해질 때가 있는데, 이는 정체불명의 유일 문화를 전제하고 다양한 종교를 그 문화의 분화 또는 변주로 보려는 일종의 알리바이가 될 수 있다.

따라서 문화를 자원으로 본다는 것은 문화들 간의 간극을 인정하면서 동시에 상호 배제나 상호 경쟁의 관계 속에 문화를 기입하지 않는다는 것이다. 이를 위해서는 '대-화(對話, Dia-logue)'라는 단어를 구성하는 요소들의 각 의미를 극대화할 필요가 있다. 한편으로 '디아(Dia)', 즉 복수적일 수밖에 없는 문화들 간의 '간극의 거리'를 강조함으로써 분리된 문화들을 긴장관계에 놓아야 한다. 다른 한편으로 '로고스'를 통해서 "모든 문화들은 서로 간에 원리의 소통 가능성을 유지하며 문화의 모든 것은 상실도 잔유물도 없이 이해 가능하다"(앞의 책, 247쪽)는 점을 살펴야 한다. 즉 대화가 생산적이려면 서로가 반드시 동의해야 하거나 대화의 형식적 규칙을 미리 정할 필요가 없고, 다만 "대화를 하려면 각자는 자신의 입장을 반드시 고정시키지 말아야 하고 자기 입장을 긴장하게 해야 하며 그것을 맞대면 관계로 설정해야 한다"(앞의 책, 247쪽). 대화는 소통을 위해 자기 자신의 개념들을 재가공하고 따라서 자신을 다시 생각하는 것이어야 한다. 문화를 '자원'으로 간주한다는 것이 의미하는 바는 간극의 거리를 유지한 문화들이 맞대면하면서, 한 문화가 다른 문화를 통해 스스로를 반성함으로써 서로를 풍부하게 만드는 것이다.

그러나 문화들 간의 대화는 어떤 언어로 이루어져야 하는가? 언어는 이미 사유이므로 대화의 언어는 중요할 수밖에 없다. 줄리앙은 주저 없이 선언한다. "각자는 자기 언어로 그러나 타자를 번역함으로써"(앞의 책, 248쪽) 대화해야 한다. 번역이 문화적 대화에 본질적인 이유는 한쪽이 자기의 언어 안에서 다른 쪽 문화의 의미를 통해 스스로를 재가공하면서 자기 언어의 '암묵적 함축(implicite)', 즉 자기 언어가 지닌 일종의 구조,

그 언어권에 속한 이들의 사유를 선(先)-규정하는 기제를 재고찰하게 되기 때문이다. 번역은 앞에서 여러 번 이야기한 '습벽'을 고찰하게 해주는 것이다. 따라서 번역은 문화들이 서로 맞대면하면서 서로 간의 간극을 통해 각자의 사유를 풍부하게 만들어주는 작업이다. 이런 의미에서 줄리앙은 번역의 윤리적 위상을 강조한다. "내가 보기에 번역은 도래할 '글로벌' 세계의 가능한 유일한 윤리이다"(앞의 책, 248쪽). 두 언어 사이의 긴장에서 벗어나는 것은 대강 훑어보는 것에 불과하며 쉽게 자신의 범주 안에 머무는 것이다. 예를 들어 중국에서 활동한 유럽 선교사들이 중국의 '하늘[天]'이나 '상제(上帝)'에서 기독교적 계시에 나타나는 신 개념의 소묘를 재발견하려고 했던 것도 이미 자기화하는 작업이었을 뿐이다.

언어학자 에밀 벤베니스트(Émile Benveniste)는 사유는 오직 언어의 틀에 이미 조정된 채로만 파악될 수 있다고 강조한 바 있다. "그리스어는 동사 '존재하다'의 개념을 가지고 있을 뿐 아니라(이는 모든 언어의 필연성이 전혀 아니다), 이 동사를 가지고 전적으로 특수한 용법들을 만들어냈다. (……) 언어는 '존재하다'를 철학적 성찰이 다른 아무 개념처럼 다루고 분석하고 위치시킬 수 있는 대상화 가능한 개념을 만들게 해주었다."[6] 서양

6 Emile Benveniste, *Problèmes de linguistique générale*(일반 언어학의 문제들), Paris, Gallilard, 1966, t.1, pp.63-74. 파스칼 다비드(Pascal David)의 저작에서 재인용. *Penser la Chine, Interroger la philosophie avec François Jullien*(중국을 사유하고 프랑수아 줄리앙

사유에서는 존재와 외관(현상)을 대립시켰으며 주체를 그 자율성 속에 격리하고 '자연'을 대상화했는데, 중국학의 거장 자크 제르네에 따르면 그리스철학이나 중세 스콜라철학의 전개는 중국어와 같은 언어에서는 생각할 수조차 없다. 동서교섭 역사를 이해하기 위해 매우 중요한 저작인 『중국과 기독교』에서 제르네는 다음과 같이 설명한다.

> 중국어에서 동사와 형용사, 부사와 보어, 주어와 빈위를 차별화할 수 있는 것은 아무것도 없는 것 같다. (……) 중국어에는 실존(existence)에 대한 동사도 없고, 그리스어에서 실사(實辭)인 우시아(ousia)나 중성인 토 온(to on)이 그토록 편리하게 표현하는 존재나 본질의 개념을 번역할 수 있는 것이 전혀 없다. 또한 현상적인 것을 넘어선 안정적이고 영원한 실재로서의 존재 개념도 중국에는 없다.[7]
>
> 중국 사유는 기능적 특성의 분류와 대립만을 안다. 중국 사유는 '그렇다'와 '아니다', 존재와 비존재를 다루지 않고 서로 잇따르고 보완하는 대립물들을 다룬다. 중국 사유는 영원한 실재들을 다루지 않고 잠재성과 성향, 비약과 쇠퇴의 국

과 함께 철학에 질문을 던지다), Hermann, 2016, p.28.

7 Jacques Gernet, *Chine et christianisme*(중국과 기독교), Paris, Gallilard, 1991, p.325.

> 면을 다룬다. 중국 사유는 불변의 규칙으로서의 법칙 개념보다 전개 과정의 모델이나 구도를 선호한다. 서양인들에게 모든 이성적 사유를 구성해주는 것으로 보이는 정신적 범주들의 부재가 원리의 열등성을 내포하는 것은 아니다. 그것은 그 힘과 유연함이 서구와 비교해볼 때 유리한 것으로 나타날 수 있는 다른 사유의 양태를 내포하는 것이다. 중국어 용법은 서구에서 특권화되어온 것과 다른 정신적 기제들을 작동시키고 다른 태도들을 전개한다. 상호 접근과 조합이 논리적 분절의 우위에 있는 것이다.[8]

제르네가 인용하는 중국 근대 철학자 량수밍(梁漱溟, Liang shuming)의 지적은 시사하는 바가 크다.

> 중국에서 논의된 형이상학적 문제들은 서양과 인도에서 논의된 문제들과 전적으로 다릅니다. 서양 고대와 인도 고대가 제기한 질문들은 중국에서 전혀 논쟁되지 않았습니다. 물론 그 질문들은 서양과 인도에서 동일한 것들이 아니지만, 세계의 실재에 관한 탐구라는 점에서 유사합니다. (……) 중국철학자들 중 어떤 사람은 일원론적 개념을, 다른 사람은 이원론적 개념을, 또다른 사람은 다원론적 개념을 정립하는 것

---

8 Ibid., p.327.

> 을 본 적이 있습니까? 어떤 이들은 관념론적 개념의 신봉자이고, 다른 이들은 유물론적 개념의 신봉자인 것을 본 적이 있습니까? 중국인들은 정적이고 불변의 실재에 속하는 그런 문제들을 논의한 적이 전혀 없습니다. 가장 먼 고대 때부터 중국의 전통이었고 크건 작건 또 고귀하건 저열하건 간에 모든 지식의 기초가 된 형이상학은 오직 변화만을 다루었고, 정적이고 불변의 실재들에 대해서는 결코 다루지 않았습니다.[9]

번역을 통해 문화를 맞대면시키는 작업은 단지 문화들 간의 충돌을 피하기 위해서가 아니다. 문화들 간의 간극을 작동시키고 긴장관계에 놓이게 하며, 폐쇄적인 정체성이나 보편성을 'Dia'를 통해 다시 쪼갬으로써 자기 이해의 지평을 넓히는 작업이 번역이다. 번역을 통한 문화적 대화는 우리를 둘러싼 단형화에 저항하기 위한 유일한 지성적(logos) 방식이다. 특정 문화의 단형화에 대한 저항은 '벌림(écart)' 또는 간극이다. 간극은 문화적 저항인 동시에 윤리적·정치적 저항의 개념이다. 일견 단형화가 합의와 평화를 촉진하는 것처럼 보이는 것은 그것이 진보의 원천인 갈라짐/분기(分岐)/불일치를 막는 것처럼 보이기 때문이다. 그러나 단형화는 순전히 수익성을 겨냥한 상품적 획일화이거나 그렇지 않은 경우는 익명의 조치에 의해 관

9 Ibid., pp.325-326.

리된 관료주의에 불과하다. 균등화가 평등이 아니듯이 표준은 평화가 아니다.

우리는 번역 및 언어 능력과 관련하여 뼈아픈 역사를 경험했다. 조선 후기 천주교를 수용하는 과정에서 역사적 흐름을 고집스럽게 거부하며 문화를 단형화하면서 비롯된 가장 아쉬운 귀결은 아마도 언어의 문제일 것이다. 조선 서학사 연구계의 원로는 쇄국 조선에 결여되었던 '주체적 준비'를 언급한다. "주체적 준비란 전통사회의 자율적 개방 체제의 정비와 적극적 수용 태세의 확립과 자주적 선별 수용을 위한 매개수단이 될 언어의 체득이었다."[10] 장기간에 걸친 천주교 금압정책은 이미 거스를 수 없는 것이 되어버린 서구문화 수용의 필수적 방편인 서양 언어의 습득을 불가능하게 만든 것이다. 천주교 수용 초기부터 문화변동의 연착륙을 시도하려는 움직임은 이어져왔으나 그것은 미비하고 가냘픈 흐름이었다. 결국 개항 이후에도 서양 언어에 능통한 인력의 부재는 외교활동 및 서구문화의 직접적 선별을 힘들게 했기 때문에 다시금 중국과 일본을 통한 매개를 거쳐야 했고, 이는 파행적인 것일 수밖에 없었다. 이와 같은 역사는 언어 능력이 사회에 대한 외부의 충격을 완충하는 기제임을 실증해주며, 따라서 문화를 자원으로 개척하면서 진행하는 문화들 간의 대화의 필요성을 역설해준다.

---

10 이원순, 『조선서학사연구』, 일지사, 1989, 498쪽.

언어 및 번역과 관련해 서구와 동아시아의 차이는 시사하는 바가 크다. 예를 들어 유럽의 창조성은 문화의 언어들의 복수성에서 비롯되었다. 이 때문에 줄리앙은 현재 유럽이 연합을 이유로 '동질화'를 내세우며 영어 등 제3의 공통 언어를 사용하려는 움직임을 문화적 대화의 중요한 걸림돌로 간주한다. 그에 따르면 유럽의 미래는 소통을 쉽게 한다는 명분 아래 영어나 다른 특정 언어를 표준으로 삼기보다는 인도유럽어 간의 대화를 가동시키는 데 있다. 실제로 유럽 전통에서 '지식인'이나 '교양인'은 먼저 여러 언어(예를 들어 희랍어, 라틴어)를 알고 있는 사람으로 정의되었다. 한 언어와 다른 언어 사이에서 발생하는 차용과 재해석을 통해 유럽은 생산적이었고 쇄신되었으며 창조적이었다. "번역하는 것이 사유하는 것이라면, 사유하는 것도 역시 번역하는 것"(『보편, 단형, 공통 그리고 문화들 간의 대화』, 252쪽)이라고 할 때 철학의 생명력도 그것이 생겨난 관용구/고유어를 벗어나면서 유지되는 것이다.

번역의 실험은 철학이 서로 다른 언어들 간의 횡단을 통해 풍부해지는 효과만을 갖는 것이 아니다. 특히 문화적 대화를 통한 중요한 철학 작업은 각자의 사유를 자신이 속한 문화의 상류(上流), 즉 '암묵적 함축들'로 거슬러올라가 자신을 탐색하도록 한다는 것이다. 이 점에서 서양과 중국은 큰 차이가 있다. 인도유럽어의 분산이 철학에게 부여한 자기반성 능력은 중국에서는 찾아볼 수 없다. 중국 문사와 유럽 지식인의 차이에서 먼저 중국 문사는 19세기까지 단 하나의 문화 언어, 즉 글로 쓰인 언어만을 알고 있었다는 점이다. 불교를 전한 산스크리트어와의 만남조차도 중국의 상황을 바꾸지는 못했다. 불경 번역은 중재자들에 의해 경계에서 이루어졌다. 중국 문사는 다른 언어를 배우지 않았고 번역의 어려움, 즉 언어 사이에서 작동하는 간극과 마주치지 않았다. 즉 중국 문사는 그가 '언어로' 사유한다는 점을 고려하지 않은 것이다. 그래서 자기 사유의 조건들로 거슬러올라갈 수 있는 길을 박탈당했다.

요컨대 문화의 대화는 각자의 습벽, 다시 말해서 자기 사유의 조건을 고찰하게 해주는 간극을 유지한 채 이루어져야 한다. 이를 위해서는 두 종류의 장벽을 넘어야 한다. 하나는 '안이한 문화보편주의', 즉 모든 언어에서 공통적으로 발견되는 단어들이 있기 때문에 공통된 가치와 개념이 동일성의 문화적 변주들로 드러난다는 주장을 경계해야 한다. 다른 하나는 다양한 문화를 그들 고유의 특수한 관점과 그들의 유일한 운명에 맡기는 문화상대주의 또는 문화주의를 극복해야 한다. 양자는 각각 동일자에 대한 자기동일적 폐쇄성과 거대한 타자에 대한 매혹이라는 두 환상에 불과하다. 제국주의 이래로 세계사적 문화변동을 겪은 지 2세기가 지난 오늘날 '세계화'라는 보편주의와 국수적 문화주의의 위험이 다시 도사리고 있다. 그러나 오늘날이야말로 인류가 처음으로 맞이하는 문화적 대화의 기회이다. 줄리앙은 세계화의 상황을 역이용할 수 있다고 선언한다.

> 우리는 세계화를 통해 문화들 사이를 자유롭게 여행할 수 있게 된 첫번째 세대이기 때문이다. 이것이야말로 세계화가 재촉하는 불모적 단형화에 맞서 포착해야 할 결정적인 기회이다. 이는 다양한 이해 가능성을 거쳐서 공통의 지성을 활성화하기 위해 문화들을 왕래할 수 있는 기회인 것이며, 물론 이것은 유일한 문화와는 아무 관계가 없다(『보편, 단형, 공통 그리고 문화들 간의 대화』, 258쪽).

여기서 '공통의 지성'은 정치적 함의를 갖는다. 대화는 서로 간극이 벌어지고 거리가 있는(Dia) 각 입장들이 서로가 서로에게 발견되며, 서로가 서로에 의해서 비춰지고 실제적인 만남의 가능성의 조건들을 끈기 있게 점진적으로 가공해나가는 작업이다. 로고스는 이해 가능한 것의 공통성을 말한다. 즉 간극을 통해서 공통의 것이 생겨나는데, 이는 각 언어와 각 사유, 각 입장이 타자에 의해 초월되면서 그들 '사이(entre)'에서 출현하는 지성(이해 가능성)이다. 줄리앙은 『문화적 정체성은 없다』를 마무리하는 부분에서 문화적 대화의 의미를 다음과 같이 규정하고 있다. "이 공통은 간극의 흡수도 아니고 인위적인 동화도 아니다. 이 공통은 작업하게 하는 간극에 내재된 긴장을 통해 **산출된 것**이다. 공통은 강요되거나 즉각 주어진 것으로 간주된 것이 아니라 **활성화된 것**이다”(『문화적 정체성은 없다』, 84쪽). 단형화로 환원되지 않는 간극들의 지성적 작업이 공통성이기 때문에 이것이야말로 공유 가능한 것이고, 진정 정치적인 차원의 것이다. 간극을 만들어나가는 적극적인 공통의 지성, 타자와 함께 각자의 선택을 통한 문화자원을 개척해나가는 대화가 정치적 운동이다.

동서양의 문화가 충돌했던 시기에 문화적 갈등의 주체였던 유교 체제와 천주교 모두 ‘인간’의 본성을 상정하는 이념들이었다. 이는 오늘날 세계화의 철학적 토대를 이루는 인본주의의 이름으로 ‘인간’의 단형성을 전 세계적으로 산출하는 자기-반영이나 자기-투사와 크게 다르지 않다. 실사나 대문자로 표현된 ‘인간’이라는 개념보다는 ‘인간적인’이라는 형용사를 통해 ‘인간적인 것의 자기반성’이 문화의 대화가 나아가야 할 방향이다. “개념으로서의 ‘인간’은 그 때문에 지불해야 할 대가로서 원리로 정립된 정의(定義)를 요구하는 반면, ‘인간적인’은 열려 있는 탐험적인 개념이다”(『보편, 단형, 공통 그리고 문화들 간의 대화』, 260쪽). 즉 인간의 본성 규정을 전제하는 것이 아니라 인간적인 것을 이루는 것이 무엇인지 식별하고 탐색하는 것이다. 세계의 문화들이 나타내고 서로 작업하게 해주며 서로 긴장시키는 간극들을 탐색함으로써 인간적인 것이 서로 바라보고 서로를 넓혀주며 서로를 자신의 자원과 가능성들 속에서 반성하는 것이 문화적 대화이다.

인간을 선험적으로 규정하고 가둬두는 본성은 없다. '인간'이 있다면 그것은 문화의 다양성이 전개해나가는 것이다. 다양한 방식으로 간극을 벌리며 모험하는 것이 인간이다. 따라서 인간적인 것의 공통은 그 즉시 보편적인 것으로 전제해야 할 것이 아니라 사유의 작동 속에 있는 '이해 가능한 것'이다. 인류의 공통을 확립하는 원리가 있다면 그것은 모든 문화적인 것은 이해 가능하다는 것이다. 물론 이해 가능한 것에 대해 각자는 한정된 방식으로 접근할 수밖에 없다. 왜냐하면 지성은 근대철학에서 말하는 범주에 갇힌 '오성'과 같은 고정된 능력이 아니라 진행중이고 작동중인 열린 역량이기 때문이다. 간극이 벌어진 이해 가능성을 상호 횡단하는 만큼 탈범주화하고 재범주화하는 능력이 지성이다. 이것이 바로 오늘날 우리에게 주어진 기회라는 것이다. 문화들 간의 충돌을 피하고 섣부른 타협을 하는 것이 정답은 아니다. 이 같은 식으로 관용을 이해해서는 안 된다. 모든 문화는 이해되도록 요구받는다. 다시 윤곽을 잡아나가는 일을 멈추지 않는 간극들을 통해 공통의 지성을 재가동시키는 것이 문화들 간 대화의 의미이다. 문화들 간 대화의 장을 끊임없이 넓히고 또 심화해나가는 것이 현재를 사는 우리가 떠맡은 윤리적 책무이고 미시 정치적 과제이다.

3. 실존의 윤리

줄리앙의 문화론은 인간의 보편적인 본성을 전제하고 그것의 다양한 표현들을 문화적 차이로 고찰하는 것이 아니라 오히려 '인간'을 열린 개념으로, 즉 '인간적인'이라는 형용사형으로 열어두는 데 그 핵심적인 의미가 있다. 문화적 간극을 통해 스스로를 긴장 속에 몰아넣고, 기존의 자신에 대해 끊임없이 거리를 두고 변화를 일으키는 것이 인간이다. 결국 그의 문화론은 실존 개념과 연결된다. 언뜻 생각하면 문화와 실존은 거리가 있어 보이지만, 줄리앙은 어떤 문화적 토대 위에서 실존이 전개된다는 관점이 아니라 문화적 정체성을 부정하는 차원에서 실존을 개념화한다.

나치주의나 모든 종류의 전체주의에서 그렇듯이 문화가 주체의 이미지를 구성하는 데 사용될 경우 이것이 '문화에 대한 도착적 사용'이라는 점은 이미 앞에서 살펴보았다. 이는 문화에 대한 정체성 개념을 지양하고 문화를 '자원' 개념을 통해 고찰해야 한다는 맥락에서 제시된 관점이다. 바로 이 지점에서 줄리앙은 『문화적 정체성은 없다』에서 '실존'을 다음과 같이 정의한다. "왜냐하면 반대로 자원으로서의 문화는 우선은 의식이 비롯되는 **탈착**의 능력인 주체의 **실존적** 능력을 활성화하는 것을 목표로 하기 때문이다. 정확히 말해서 주체를 한 세계 안으로의 동화에서 빠져나오게 하듯이 자기 자아의 울타리를 넘어서도록, 결과적으로 자유를 얻기 위해 이런 울타리와 동화에 대한 종속의 '바깥으로(ex)' 나오도록 이끎으로써 주체를 활성화하는 것을 목표로 하기 때문이다. 이런 자유가 바로 내가 엄밀히 말해서 '실존'이라고 명명하는 것이다"(『문화적 정체성은 없다』, 61쪽).

나아가 『문화적 정체성은 없다』는 실존을 세계화로 인한 거짓 보편성, 즉 단형성과 거짓 보편성의 그늘에 불과한 파별적 정체성에 대한 저항으로 규정함으로써 마무리된다. "세계화된 세상에서 더이상 꿈꿔야 할 피안(彼岸)도 없고 여행하기에 먼 저편도 없는 오늘날, 이제 자원이 실제로 발견되는 것은 사이에서이다. '문화 간'이라는 용어가 의미를 갖는다면 그것은 이런 사이와 이런 대화를 세계와 문화의 새로운 차원으로 전개하는 것이다. 따라서 단형의 가짜, 태만한 보편성과 이에 상관되는 정체성의 종파적 환상이 동시에 무산될 것이다. 실존한다는 것이 저항하는 것이라면 이 용어(ex-sistere)가 의미하듯이 실존한다는 것은 우선 '바깥에 서는 것', 즉 어쩔 수 없이 따르게 된 것, 그리고 무엇보다도 역사에서 어쩔 수 없이 따르게 된 것의 바깥에 서면서 저항하는 것이다. 각 시대가 저항의 자기 형태를 갖는다면 우리 시대의 저항 형태는 짝을 이루고 나아가는 단형화와 정체성의 두 위협 가까이에서 점진적으로 저항하고, 간극의 창조적 능력에 의거함으로써 강도 있는 공통을 발족하는 것임을 정립해야 할 것이다"(『문화적 정체성은 없다』, 89~90쪽). 실존은 문화적 간극을 통해 모든 종류의 고착화에서 빠져나와 주체에 변화를 일으키는, 즉 강도를 산출하는 저항이다.

해제를 시작하면서 이야기했듯이 줄리앙의 철학은 동서양을 맞대면시키는 작업, 그리고 이 작업을 문화 중심으로 개념화하고 나아가 여기에 실존적 의미를 부여하는 방향으로 진화하고 있다. 실제로 그는 2010년에서 2011년 이후부터 삶과 실존을 다양한 개념을 통해 조명하고 있다. 줄리앙의 철학은 문화론 이후로도 여러 단행본 및 수많은 강의로 분화하면서 진화하고 있기 때문에 선불리 규정하기는 어렵다. 최근 들어 그가 강조하는 '탈착(désadhérence)' 개념을 중심으로 줄리앙 작업의 기본 방향을 간략히 논하며 해제를 마무리하고자 한다.

'탈착'은 2016년 저작 『실존하면서 살기: 새로운 윤리』에서 본격적으로 개념화된 용어로서 '흡착(吸着, adhérence)'과 대비된다. 탈착은 '바깥에 서다'라는 어원의 실존 개념의 기초로서 세계 내에 흡착된 상태에서 벗어남을 뜻한다. 실존은 탈착을 통해 삶의 새로운 가능성들로 나아간다. 실존은 세계에 속하면서 동시에 끊임없이 세계 바깥으로 나아가려는 운동이다.

흡착은 '생명 유지에 필수적인(vital)' 차원이다. 흡착은 의지나 선택을 거친 '천착'이나 '집착(adhésion)'보다 근원적이다. 흡착은 반성이나 부정의 능력을 통해 도입되는 거리나 간격이 개입되기 이전에 우리를 삶과 연결하고 우리를 살게 하는 근원성이다. 줄리앙은 이를 '안에 머무르다'라는 어원을 가진 내재성(immanence)으로 명명한다. 흡착은 동의, 승인 등 모든 천착에 선행하는 일종의 하부(infra)이다. 요컨대 흡착은 삶에 들러붙는 점착의 능력이다. 산다는 것은 흡착을 전제한다.

예를 들어 가족은 흡착의 장(場)이다. 나는 생명을 물려받았고, 또 생명을 전달한다는 사실은 질문도 정당화도 필요로 하지 않는 내재성의 연쇄이다. 이런 흡착성은 국가나 민족, 지역, 종교, 문화에도 적용된다. 마찬가지로 장소, 환경, 주변, 우리집, 직업, 돈, 재산 등도 당연시되는 것들로서 삶에 흡착될 경우 문제의식이 필요치 않다. 이런 흡착성은 삶에 의혹이 스며들 위험을 피할 수 있게 해준다.

그러나 삶을 떠나지 않는 가운데에서도 흡착성의 여러 비율이 나타나면서 삶은 문제를 드러낸다. 우리의 일상이 이어지면서 더 긍정적이든 더 부정적이든 또는 더 유리하든 더 불리하든 간에 나의 흡착성 비율이 늘거나 줄어들면서 균열이 나타난다. 이로부터 우리의 삶은 평가되고 특징화된다. 우리는 생존에 대한 흡착의 이 같은 비율에 따라 '바깥에 서기'를 시작할 수 있다. 다시 말해서 흡착의 현상에 대해 또는 흡착에 반대해 흡착으로부터 벗어남으로써, 즉 '탈착'을 통해 실존은 다른 가능성을 발견한다. 이는 2017년 저작 『제2의 삶(une seconde vie)』에서 생존을 위해 달려온 첫번째 삶에 이은 두번째 삶으로서 강조하는 것이기도 하다. 인간만이 동물성에서 벗어나 '실존'한다.

소크라테스는 삶의 마지막 순간에 삶에 대한 '점착(glischros)'에서 벗어날 것을 주문했다. 인간 주체는 이런 흡착에 반대해 자신을 가두는 자연성과 단절하고 수동성에서 탈피해 '주체'로서 바깥에 설 수 있다. 물론 삶의 근저를 이루는 토대에서 벗어날 수는 없다. 그러나 아무런 의욕도 동기도 없이 그저 삶이 흐르는 대로 끌려가는 것은 실존이 아니다.

> 동물성에서 벗어나는 '인간적인' 것의 고유한 점은 바로 계속적이고 전반적인 방식으로 인간적인 것을 생명 유지에 필수적인 차원에 들러붙게 하는 흡착이 그 밀도를 잃게 되고 복잡해지며 동시에 갈라지고 다양화된다는 것이다. 즉 흡착은 변화한다는 것이다. 흡착은 생각조차 되지 않을 정도로 두텁게 있거나 경감되고, 심지어 문제시될 때까지 약화될 수 있다(『실존하면서 살기: 새로운 윤리』, 18쪽).

우리는 당연히 이 세계의 현상에 속해 있고 우리의 실존과 세계의 실존은 긴밀히 연결되어 있다. 그러나 인간적인 실존자는 이 세계에 대해 간극을 벌릴 수 있다. "삶의 현상에 고유한 탈-합치로부터 인간적인 실존자는 자신을 주체로 세우고 엄밀히 말해 바깥에 서게(실존하게, ex-ister) 하는 탈착 능력을 끌어냈다"(『실존하면서 살기: 새로운 윤리』, 193쪽).

우리의 사유와 삶은 자기 습관에 대해 간극을 벌리지 않으면 매몰되고 정체되며 교착상태에 빠진다. 삶은 모순이다. 삶의 운동은 끊임없이 불안정한 균형이다. 우리는 세계에 속하지만 세계와 우리의 삶을 의식하는 것은 오직 균열과 탈착을 통해서이다. 우리는 불일치와 탈-합치에 놓여 있다. 우리는 세계 속에 속하면서 세계로부터 벗어나려고 하기 때문에 내재적 초월자인 동시에 초월적 내재자이다.

여기서 실존적 초월은 '형이상학적 차원'이며 기존의 '형이상학' 개념이 아니다. '형이상학적 차원(le métaphysique)'을 '형이상학(la métaphysique)'과 혼동해서는 안 된다. '형이상학적 차원'은 세계 또는 내재성 안에만 머무는 삶과 분리되는 실존의 전개 과정이고, '형이상학'은 그리스적인 존재의 질서로서 사유의 '추상적 구성'이다. 따라서 줄리앙이 실존의 전개 과정으로 제시하는 '형이상학적 차원'은 내재성과 초월성 간의 긴장이다. 그래서 그는 플라톤의 '본질들의 장소', '신적인 저편', '진리의 초원' 등과 같은 '다른 곳'의 위상이 '다른 세계'의 속성보다는 '관념성'의 기능과 관련된다는 점을 강조한다. 즉 "세계에 굴복하고 그 안에서 만족하기보다는 이와 같은 이론적 외부 세계를 통해 세계를 문제삼고 개선할 가능성을 세계 한가운데에서 열어놓는 것"(『실존하면서 살기: 새로운 윤리』, 275쪽)이 플라톤 사유의 진정한 의미라는 것이다. 다시 말해서 개념은 현실에서 생겨나지만 동시에 현실을 끊임없이 긴장 속에 놓이게 하고 앞으로 더 나아가게 한다. 최근 줄리앙 사상에 대한 종합적인 해설서를 출간한 파스칼 다비드(Pascal David)는 줄리앙이 최근 가공하고 있는 '실존' 개념이 그리스적인 것도 중국적인 것도 아니며, 삶의 즉각적 특성과 관계된 기독교적 사유라는 것을 밝히면서 줄리앙의 형이상학적 차원과 기독교적 자원 간의 결합이라는 '광맥'을 추적하는 것은 분명 풍요로운 결실을 낳을 것이라고 전망한다.[11]

실제로 줄리앙은 기성 종교의 신앙 영역에 진입하지 않고 기독교에서 실존 개념을 활용한다. 그는 2018년 「요한복음」을 해석한 단행본 『기독교의 자원』을 출간했는데, "그러나 신앙을 통해 기독교에 들어가지는 않고서"라는 부제는 상징적이라고 할 수 있다. 즉 줄리앙은 초월적 피안을 전제하고 세계를 설명하는 서양의 전통적 형이상학과 명확히 거리를 두고 있다. 그는 그리스도의 메시지를 실존적으로, 즉 "오늘날 다행히 붕괴된 종교적 제도의 모든 무게"로부터 해방시키는 방식으로 이해할 것을 제안한다(『실존하면서 살기: 새로운 윤리』, 204쪽). 줄리앙은 여기서 기독교 제도가 실제로 붕괴되었다는 것이 아니라 기독교의 기성 교리가 삶과 철학에 직접적 영향을 미치지 못하고

---

11 *Penser la Chine, Interroger la philosophie avec François Jullien*, p.240. 파스칼 다비드의 저작은 2016년 출간된 줄리앙의 저작에 대한 고찰에까지 미칠 수밖에 없었지만, 그의 전망대로 줄리앙의 2017년 저작 『제2의 삶』에서 기독교적 관점에 대한 논의가 중요한 부분으로 나타난다. *Une seconde vie*, Grasset, 2017, pp.41-44, 특히 pp.161-179 참조.

있는 현대의 특성에 대해 이야기하고 있다. 그래서 그는 기성 교리 차원에서 기독교에 접근하지 않고 인간 실존의 전개 차원에서 기독교를 하나의 '자원'으로 활용할 것을 제안하는 것이다.

동일한 관점에서 줄리앙은 『제2의 삶』에서 기독교적 의미의 자아 포기, 희생 등의 개념이 단순한 금욕이 아니라 일종의 '회복' 또는 '되찾음(reprise)'이라는 점을 「요한복음」(10장 17절)에 의거해 논의한 바 있다. "포기는 되찾음의 기회를 제공함으로써 완성에 이르도록 해주며 (의지적인) 중단은 (기대된) 향상을 가능하게 한다"(171쪽). 줄리앙은 "내가 내 목숨을 버리는 것은 그것을 내가 다시 얻기 위함이니 이로 말미암아 아버지께서 나를 사랑하시느니라"라는 구절을 인용하며 회복 또는 되찾음은 이전 상태의 반복이 아닌 "새로운 시작이 더 근원적으로 이루어지도록 하기 위함"임을 강조한다(172쪽). 이런 해석 역시 '바깥에 서기'라는 의미의 실존 개념과 맞닿아 있다.

실존은 '탈착'을 통해 흡착에서 벗어나 바깥에 서는 운동이다. 흡착이 '생명 유지에 필수적인' 차원의 삶을 나타낸다면 탈착은 "그와 같은 차원에서 의식을 분리시킴으로써 의식을 표면에 올리는 능력"(『실존하면서 살기: 새로운 윤리』, 18쪽)이다. 우리는 탈착을 통해 주체로서 등장하고 '바깥에 서기' 시작하는 것이다. 의식은 생명 유지에 필수적인 차원에 흡착된 조건에 맞서는 힘으로 이로부터 자유가 도출된다. 이와 같은 탈착 능력을 통해 실존은 삶의 새로운 가능성들의 광대한 영역으로 진입하게 되는 것이다. 실존은 삶, 역사, 세계에 속하면서도 끊임없이 그것들로부터 바깥으로 나아가려는 운동이다.

이와 같은 내재성의 균열은 '개념'의 역할과 연결된다. 물론 여기서 개념을 존재론적인 초월성 자체의 영역으로 간주함으로써 해묵은 플라톤적 이원론을 복원하려는 것이 아니다. 오히려 개념은 현실의 결함을 드러냄으로써 부정의 힘으로 사유를 작동시키고 현실을 긴장 속에 놓이게 하는 기능이다. 기독교에 관해서도 악으로 점철된 현세와 신의 위안을 받는 천국으로 분리하는 이원론적 관점에서 탈피해야 한다. 그리스도가 빌라도에게 "내 나라(basileia)는 이 세상에 속한 것이 아니다"라고 했을 때, '나라'는 들어가고 나오는 영토적 개념처럼 '다른 세상'을 의미하는 것이 아니라는 점을 견지해야 한다. 줄리앙에 따르면 그리스도의 메시지에 기초한 기독교는 다른 세상에 대한 설교나 이 세상에 대한 비난이 아닌 "세계를 닫는 (또는 세계가 닫는) 것, 세계 안에 가두는 것에 대한 실존적 거부"(『실존하면서 살기: 새로운 윤리』, 205쪽)로 읽어야 한다. 그리스도의 말씀은 세상 한가운데에서의 불일치를 가리키며, 세상의 모순은 현실에서 벗어날 수 있도록 유도한다기보다는 세상 속에서 무한을 향한 갈망으로 현실을 열어놓는 데 그 의미가 있는 것이다.

줄리앙의 실존 개념이 종합된 『실존하면서 살기: 새로운 윤리』가 자전적 특성이 있다고 역자는 이야기한 바 있다. 이는 탈착 및 실존 개념을 그가 30여 년 이상 천착해온 동서양 맞대면 작업에 적용할 수 있다는 의미였다. 실제로 줄리앙은 중국과 서양을 맞대면시키는 작업을 수행해왔기 때문에 프랑스에서도 중국학 전통에 속한 연구가로 분류될 때가 많지만, 사실 그는 '중국학 연구가'라는 말을 달가워하지 않는다. 그는 철학을 새롭게 하기 위한 도구로서 중국을 사용해왔기 때문에 자신의 작업은 철학임을 항상 강조한다.

줄리앙은 프랑스 수재들의 집결지인 파리 고등사범학교에 입학한 뒤 석사과정에서 아리스토텔레스 철학으로 논문을 쓰며 그리스철학을 열정적으로 공부했다. 그러나 한 분야를 전문적으로 탐구하는 것은 결국 남들이 이루어놓은 작업의 반복이라는 생각을 떨쳐버리지 못했다. 그는 젊은 나이에 특정 분야의 '탁월한 전문가'가 되는 것은 편협한 삶을 사는 것이라고 생각했다. 고등사범학교 시절부터 줄리앙의 문제의식은 서양사상의 뿌리인 그리스로부터 탈출하는 데 있었다. 유럽인들은 그리스 방식으로 사유하는 틀에서 벗어나지 못했기 때문이다. 항상 '다르게' 사유하고 새로운 형태의 진리를 찾고자 하는 서양철학의 야심에도 불구하고 줄리앙이 보기에 서양철학은 줄곧 습관적 질문과 성찰 속에 '흡착'되어 있었다. 어떻게 하면 지루한 지식의 반복에서 '탈착'하여 사유의 새로운 가능성을 열어젖힐 수 있는가? 철학적 사유가 사유하지 않은 것은 없는가? 이런 문제가 젊은 줄리앙에게는 강박으로 작용했다.

실제로 줄리앙은 탈착과 흡착의 관계를 국가나 민족, 지역, 종교, 문화, 장소, 환경, 주변, 가족, 직업, 돈, 재산 등 모든 영역에 적용할 수 있다고 강조했다. 서양의 철학과 언어 같은 '문화'에 흡착되었던 자신으로부터 '탈착'을 시도했던 것이 그의 동서양 맞대면 작업이 아닌가? 줄리앙은 『보편, 단형, 공통 그리고 문화들 간의 대화』에서 '문화적 주체'라는 개념을 제시한 바 있다. 이 개념의 의미는 문화란 그것을 통해서 주체가 실존하게 된다는 것이다. 즉 문화는 주체가 문화 사이를 오가며 문화 사이에서 구성되는 맞대면 속에서 자신을 반성함으로써 실존하게 되는 주체의 전개이자 활성화이다. 그러나 줄리앙이 구축하고 있는 실존의 윤리학은 규범 체제라기보다는 우리 자신을 열고자 하는 윤리적 기초이다.

> 내 안에서 의식이 더 펼쳐질수록 나는 내 흡착에 의해(내 흡착 안에서) 덜 묶이고 덜 흡수되고 소크라테스가 말했듯이 덜 '달라붙어 있게' 된다. 이와 같은 탈착, 열린 후퇴로부터 의식을 이루고 주체를 규정짓는 반성 운동이 생겨난다. 그런데 이와 같은 탈착이 의식을 가동시키거나 또는 촉진하며, 이런 촉진은 그 자체로 끝이 없다고 할 때 우리는 어디까지 탈착을 밀어붙일 수 있는가? 이는 '윤리'가 전개되기도 전의 최초의 윤리적 문제가 아닌가?(『실존하면서 살기: 새로운 윤리』, 27쪽)

줄리앙 철학의 '탈착'과 '탈-합치'의 여정은 어디까지 나아갈 것인가? 미지의 영역이다. 역자가 『전략: 고대 그리스에서 현대 중국까지』를 국역 출간했을 때만 해도 역자는 그의 동서양 맞대면 작업에 집중했고, 그의 문화론 및 실존론 관련 저작들을 읽어나갈 때였다. 2010년 이후 집필된 단행본만 20여 권이고, 40여 편의 논문 및 대화록이 출간되었다. 줄리앙은 1년에 거의 2권의 단행본을 쏟아내고 있는 성실한 철학자이다. 2011년 이후 그는 '이타성' 분과 학장을 맡고 있는 '프랑스 인문과학 재단'의 세계연구 칼리지에서 세미나를 지속적으로 진행해오고 있다. 2011년 12월의 취임 강연 "간극과 사이"에서 그는 선포했다.

"우리는 여정의 시작에 있을 뿐입니다."

독서안내

국내에 번역 출간된 프랑수아 줄리앙의 저작과 해제에 언급된 그의 저작들로 한정했다.

김설아 옮김, 『풍경에 대하여: 풍경으로 살아가기, 또는 이성이 지나친 것』, 아모르문디, 2016.

박석 옮김, 『불가능한 누드』, 들녘, 2019.

박치완·김용석 옮김, 『현자에게는 고정관념이 없다』, 한울아카데미, 2009.
박희영 옮김, 『사물의 성향』, 한울아카데미, 2009.
박희영 옮김, 『장자, 삶의 도를 묻다』, 한울아카데미, 2014.
유병태 옮김, 『운행과 창조』, 케이시아카데미, 2003.
이근세 옮김, 『전략: 고대 그리스에서 현대 중국까지』, 교유서가, 2015.
최애리 옮김, 『무미예찬』, 산책자, 2010.
허경 옮김, 『맹자와 계몽철학자의 대화』, 한울, 2004.

Cette étrange idée du beau(이 이상한 미의 관념), Paris, Grasset, 2010.
Chemin faisant(여정에서), Paris, Seuil, 2007.
De l'universel, de l'uniforme, du commun et du dialogue entre les cultures(보편, 단형, 공통 그리고 문화들 간의 대화), Fayard, 2008.
Du temps, éléments d'une philosophie du vivre(시간에 관하여), Paris, Grasset, 2001.
L'archipel des idées de François Jullien(프랑수아 줄리앙 사상선집), Editions de la Maison des sciences de l'homme, 2014.
L'écart et l'entre(간극과 사이), Paris, Galilée, 2012.
L'invention de l'idéal et le destin de l'Europe(이상의 발명과 유럽의 운명), Paris, Seuil, 2009.
La grande image n'a pas de forme(큰 그림은 형상이 없다), Paris, Seuil, 2003.
Le Détour et l'accès(우회와 접근), Paris, Grasset, 1995.
Penser d'un dehors(La Chine)(바깥-중국-으로부터 사유하기),

Paris, Seuil, 2000.
Ressouces du Christianisme(기독교의 자원), Paris, L'Herne, 2018.
Traité de l'efficacité(효율성 논고), Paris, Grasset, 1997.
Une seconde vie(제2의 삶), Paris, Grasset, 2017.
Vivre en existant: Une nouvelle Éthique(실존하면서 살기: 새로운 윤리), Paris, Gallimard, 2016.

역자 후기

2019년 5월 줄리앙 선생님이 한국을 다녀가신 이후, 선생님과 꽤 자주 서신을 교환했다. 번역을 진행하면서 선생님께 여쭌 적이 여러 번 있었는데 그때마다 상세히 설명해주셨다. 중국어에 달통한 분이기 때문에 국내에서 쓰는 용어들에 대해 여쭤볼 수 있었다. 불문학자이며 선생님의 동반자이자 중국어 번역가인 에스테르 린(Esther Lin) 선생님을 매개로 '보편(普遍)'이라는 단어가 'universal'의 번역어로서 합당한지를 놓고 깊은 토론도 나누었다. 번역이 곧 철학이라고 생각하시는 분들이니만큼 토론은 대단히 생산적이었다. '보편'에 대한 용법이 중국에서는 우리와 꽤 다르다는 것도 토론을 통해 알게 되었다.

줄리앙 선생님은 역자에게 『문화적 정체성은 없다』 이외의 다른 저작의 번역도 제안해주셨다. 이번 작업을 마치는 대로 곧바로 시작할 예정이다. 선생님의 친절한 초청으로 2020년 말 파리에서 진행되는 국제학술대회 '탈-합치: 신학에서 정치로'에서 발표도 하게 되었다. 올 한 해는 줄리앙 선생님 저작의 번역과 해제 작업으로 채워질 듯하다.

『문화적 정체성은 없다』의 번역문을 원문과 수차례 대조하면서 교정한 결과 오역이 없다는 것은 나름대로 확신하지만 어디서 또다시 실수가 불거져 나올지 내심 두렵다. 줄리앙 선생님은 '우리는 문화의 자원을 옹호한다'라는 부제를 담은 『문화적 정체성은 없다』의 번역을 역자에게 제안하면서 당신의 사상을 설명할 서론이나 해제가 꼭 필요하다고 강조하셨다. 역자를 신뢰하고 어려운 작업을 맡겨주셨으며 한국어판 서문까지 집필해주신 줄리앙 선생님께 깊은 감사의 뜻을 전하고 싶다.

번역과 해제 작업 내내 실효성 있는 조언을 해준 친구 뱅상 보두(Vincent Baudoux)에게 감사의 마음을 전한다. 정신분석가이자 한의학자인 보두 박사는 10여 년 전 역자를 '줄리앙 철학'에 입문하게 해주었고 줄리앙 선생님의 신작이 나올 때마다 함께 토론을 이어가는 소중한 벗이다.

역자는 어머니를 간병하며 이 책을 작업했다. 어디로 튈지 모르는 대소변과 깎여가는 문자 사이를 수백 번 오갔다. 기묘한 체험이다. 양극단의 간극이 삶이라는 생각이 들었다. 긴박한 상황을 이번 작업을 통해 다소나마 거리를 두고 이겨낼 수 있었다. 삶의 간극은 해소되지 않지만 그 사이에서 모색할 수밖에 없다.

지은이

프랑수아 줄리앙François Jullien, 1951~

프랑스의 철학자로 파리7대학 교수, 프랑스 파리국제철학대학원원장, 프랑스 중국학협회 회장, 파리7대학 현대사상연구소 소장 등을 역임했고 현재 프랑스 인문과학재단 교수로 재직중이다. 줄리앙은 40여 년간 중국사유와 서양사유를 맞대면시키는 작업을 통해 중국학의 차원을 뛰어넘어 완전히 새로운 사유를 펼쳐왔다. 역사, 언어, 개념 등 모든 면에서 서로 무관하게 정립된 중국사유와 서양사유는 각각의 습벽(習癖)을 서로에게 드러냄으로써 철학을 재가동시킨다. 줄리앙은 그동안 동서양 사유의 관계를 통찰한 40여 종의 단행본을 저술했고 최근에는 이와 같은 방대한 지적 자산을 토대로 독창적인 문화론과 실존의 윤리학을 정립하고 있다. 서양의 대다수 이론가들이 동양사상을 제대로 읽지 못하고 많은 동양학자들은 서양사상을 정확히 다루지 못하기 때문에 줄리앙의 관점은 엄밀한 연구 대상이 되지 못하고 있다. 그의 철학은 동서양 양쪽 이론가들에게 무궁무진한 영감을 제공할 것이다. 이미 그의 많은 저작이 20여 개국에서 번역되었다.

옮긴이

이근세

경희대학교 철학과를 졸업하고 벨기에 루뱅대학교 철학고등연구소ISP에서 스피노자 철학과 모리스 블롱델의 철학 연구로 박사학위를 취득했다. 브뤼셀 통·번역대학교ISTI 강사를 역임하고 귀국했다. 현재 국민대학교 교양대학 교수로 재직중이다. 주요 연구 분야는 서양근대철학, 프랑스철학이다. 점차 연구의 초점을 동서문화담론으로 이동시키고 있다. 주요 저서로 『효율성, 문명의 편견』, 『철학의 물음들』 등이 있고, 역서로 『스피노자와 도덕의 문제』, 『변신론』, 『데카르트, 이성과 의심의 계보』, 『스피노자 서간집』, 『전략』, 『탈합치』 등이 있다. 연구 논문으로는 「스피노자의 존재론 기초」, 「스피노자의 철학에 있어서 시간성과 윤리」, 「블롱델의 행동철학과 라이프니츠의 실체적 연결고리 가설」, 「프랑수아 줄리앙의 비교철학에서 중국과 서양의 효율성 개념 비교」, 「야코비의 사유구조와 스피노자의 영향」, 「스피노자의 정치철학에서 개인의 자유와 정치적 복종의 관계」, 「모리스 블롱델의 행동철학에서 과학과 기술의 의미」, 「이념의 문제와 글쓰기 전략」, 「동아시아적 이념의 가능성」, 「블롱델의 철학에서 방법론과 실천의 문제」, 「모리스 블롱델의 현상학적 방법론」, 「데카르트와 코기토 논쟁」, 「조선 천주교 박해와 관용의 원리」, 「프랑수아 줄리앙의 중국회화론」, 「로고스와 노장」, 「조선 천주교와 미시정치학」 외 다수가 있다.

문화적 정체성은 없다

초판 1쇄 발행 2020년 6월 29일
초판 3쇄 발행 2024년 11월 1일

지은이 프랑수아 줄리앙 | 옮긴이 이근세

편집 이고호 박민애 이희연 | 디자인 윤종윤 이주영 | 마케팅 김선진 김다정
저작권 박지영 형소진 최은진 오서영
브랜딩 함유지 함근아 고보미 박민재 김희숙 박다솔 조다현 배진성 이서진
제작 강신은 김동욱 이순호 | 제작처 상지사

펴낸곳 (주)교유당 | 펴낸이 신정민
출판등록 2019년 5월 24일 제406-2019-000052호

주소 10881 경기도 파주시 회동길 210
전화 031) 955-8891(마케팅) | 031) 955-2680(편집) | 031) 955-8855(팩스)
전자우편 gyoyudang@munhak.com

인스타그램 @gyoyu_books | 트위터 @gyoyu_books | 페이스북 @gyoyubooks

ISBN 979-11-90277-47-1 03100